市民力ライブラリー

熟議の市民参加

ドイツの新たな試みから学ぶこと

松下啓一・平成23年度マッセOSAKA海外派遣研修グループ●著

萌書房

〈市民力ライブラリー〉の刊行によせて

近年とみに、価値の流転が著しい。主権国家ですら、その存在意義が問われる時代にあって、政府と市民の関係も変容を免れない。豊かさの指標が、人の温かさや思いやりにまで広がってきたこととも関係するが、政府と市民の関係を二項対立的にとらえるだけでは、市民の豊かな暮らしは創れない。対峙するだけでなく、ある時は協力、協調し、またある時は競争、競合するといった、重層的・複合的な関係性のなかでとらえていく必要があるだろう。これは市民にとって、自らの力が試されることでもある。こうした市民の力を発掘し、育むのが、〈市民力ライブラリー〉である。

市民力の同義語は、民主主義だと思う。私たちは、民主制社会に暮らしているが、アテネの昔から、この制度は扱いが難しい仕組みである。気を抜くとあっという間に崩壊し、人々を傷つけることになる。民主制が有効に機能するには、市民一人ひとりの自律性と、共同体の事柄を我がことのように思う貢献性が求められるが、民主主義のありようが問われている今日だからこそ、市民力を基軸に新しい社会を創っていこうではないか。

〈市民力ライブラリー〉と銘打ったのは、今後も継続するということである。市民にとって有用な知識や知恵を間断なく提供し続けたいと思う。それには、持続可能なシステムとたゆまぬ努力が必要になる。商業出版であることを意識し、その強みを活かしたと思う。

〈市民力ライブラリー〉であるから、論者は研究者にかぎらない。さまざまな市民力の書き手が現れることも期待している。

二〇〇九年五月

松下　啓一

はじめに

自治体の政策づくりにおいて、市民参加はデュープロセスとなった。自治体の決定に市民が加わらないと、その適正さが疑われるようになった。市民参加の内容についても、形だけの参加ではなく、参加の実質化を問う段階になった。単に市民が参加したというだけでは足りず、内実を伴う市民参加が行われたかどうかが問われるようになった。

このように、今日では、市民参加は一般化し、また深化もしたが、依然として克服すべき課題も多く残っている。

本来ならば、市民参加である以上、広範な市民が参加することが期待されるが、現実はいつも同じ市民ばかりの参加が目立っている。また全体に高齢者の占める比率が多く、若者の参加はきわめて低調である。これでは、せっかくの市民参加も市民全体の声を反映していないのではないかという誹《そし》りを受けることになる。

また、たしかに市民は参加しているが、そこで行われた議論が、果たして実質を伴っているのかという疑問もある。依然として行政側もアリバイ的な市民参加でよしとし、参加している市民の方も、その場の単なる思いつきで発言し、あるいは単に自己主張を繰り返しているのではないかという疑問もある。つまり市民の英知を結集するための熟議が行われていないのではないかという疑念である。

市民参加は住民自治の具体化であるが、こうした疑念は、市民参加の正当性に関わり、ひいては住民自治そのものの正当性にかかわってくる。

本書の目的は、こうした市民参加の課題を乗り越えようとする新たな試みを紹介するものである。市民参加の先進国ドイツに学びつつ、それを日本の地方自治の現状に合わせて、考えてみようという試みでもある。

本書は、三章で構成されている。

第Ⅰ章では、熟議の市民参加を考える前提として、市民参加の基本について概観している。

第Ⅱ章は、ドイツの市民参加制度の報告である。大阪府下の自治体職員が、ドイツに現地調査に行ったが、その報告をベースにドイツの新しい市民参加制度を紹介している。なお、ドイツの制度の紹介であるが、常に日本の地方自治に引き戻しながら考えることにした。

第Ⅲ章では、ドイツで開発されたプラーヌンクスツェレについて、これを日本へ導入するにあたり、そのヒントや注意点を解説した。

二〇一三年七月

松下啓一

熟議の市民参加——ドイツの新たな試みから学ぶこと——＊目　次

熟議の市民参加

——ドイツの新たな試みから学ぶこと——

Ⅰ　市民参加の基礎理論

1　市民参加の意義と展望

(1)市民参加の定義

市民参加は、市民と参加の二つの言葉でできている。最初に、それぞれの意義を考えてみよう。

①参加と参画

最近では、参加に変えて参画という言葉を使うようになった。言葉を変えることで、内実も変えようという意図である。

参加と参画の違いは、一般には次のように言われている。

参加は、すでに決定していることに形式に加わることである。これに対して、参画は、企画段階、計画段階から、市民が加わることとされる。参画の「画」という字が、企画や計画を連想すること、そして、何よりも従来型の形式的な参加から決別しようという思いが、この用語に表れている。

しかし、単に用語を変えただけで、その目指すことが実現するわけではないので、参画を使う場合も、参画の内実を充実したものとしていく必要がある。ちなみに、全国の市民参加条例の参加、参画の定義を見てみると、結局、同じ意味で使われている。やはり問題は内実である。

本書では参加を使うが、あくまでも企画、計画段階から加わっていくという意味である。

②市民の定義――地方自治法

次に、市民の定義である。

まず、法律上の用語としての市民は、使われる場合が限定されている。法令検索システムでも、市民という言葉を使う法律は、いわゆるNPO法（特定非営利活動促進法）のみである（市民農園、市民生活といった熟語として使われる場合はある）。ちなみに地方自治の基本法である地方自治法には、市民という言葉はなく、住民という言葉が使われる。

なお、地方自治法の住民とは、その自治体に住所を有する人であって、日本人、外国人、法人も含まれる。ただ、全体で四〇〇条近くに及ぶ地方自治法の中で、住民を主語にしている条文は、住民の役務の提供を受ける権利と負担を分任する義務（法一〇条二項）と直接請求権（一二条～一三条）、住民監査請求・住民訴訟（法二四二条、二四二条の二）のみである。住民自治とは言っても、地方自治法における住民は、サービスの客体か、あるいは役所に対して要求し、または訴えを起こす立場というのは興味深い。

現実には、地域において、福祉、環境、まちづくりなど、いわば公共主体としての役割を担っている住民は数多くいるが、こういう人たちが、地方自治法ではすっぽりと抜け落ちている（この住民をきちんと位置づけるのが自治基本条例である）。なお、外国人をめぐっては、感情的・感覚的な議論が行われているが、地方自治法では、外国人もそこに生活の本拠があれば住民である。住民であれば外国人であっても、市長の違法行為を糺して、裁判に訴えることもできる（住民訴訟）。

③市民の定義——自治基本条例

自治基本条例や市民参加条例では、「市民」の概念が使われている。これは地方自治法の住民よりも広い概念である。住所は持っていないが、その自治体で活動している人も含める意味である。

では、住民では足りず、あえて市民という概念をつくるのはなぜか。それは、今日では、「住民」だけでは、自治ができないからである。たとえば、大阪市のように、従業地・通学地として、他市町村からの流入人口が多いまちは、そこに住んでいる住民だけでは、まちの安全も維持できない（逆に、バスが一本も通らないまちでは、住民だけで、サービス提供や助け合いをするしかない。ここでは、市民概念を規定する必要がない）。

二〇〇五年四月二五日にＪＲ西日本の福知山線で脱線事故があった。その時、真っ先に、助けに入ったのは、近くの工場で働く人たちである。その多くは「住民」ではなく、尼崎市に働きに来ている「市民」である。このように多くのまちでは、「市民」の協力なくしては、まちを維持することができなくなっている（交通網等の発達で、それだけ広域化しているということである）。まして や、人口減少が進み、定住人口はますます減少する中、住所はないけれども、そのまちのために活動する「市民」を取り込み、まちのために、大いに頑張ってもらうようにするのが自治経営である。

(2) 市民参加の必要性

①市民の政府

市民参加の意義は、一般的には次のように説明されている。

・市民ニーズを踏まえたより効率的、効果的な市政運営の確立とまちづくりの推進
・市民の英知と行動力の市政やまちづくりへの反映
・市民力の伸長と地域社会の活力の充実

それぞれが、もっともで異論はないが、表面的な理由のような感じがし、また行政の都合のような感じもしてしまう。きちんと市民参加の意義を地方自治の本質から遡って説き起こすべきだろう。

市民が集まって暮らすようになると、共通の課題を解決する必要が生まれてくる。そのために、市民が集まって、話し合い、問題解決の行動を取ることになる（本来の住民自治）。それが地方自治の原点である。しかし、課題が多様化して、複雑化してくると、すべてを自らの手で解決することが困難になるから、政府がつくられる。その政府は、もともと市民のためにつくられたものであるから、政府の決定に市民が参加し、市民が政府をコントロールするのは、当然のこととなる（講学上の住民自治）。いずれにしても市民参加は、政府から恩恵的・後天的に与えられるものではない。

②政府の限界から

市民参加をしなくても、市民により信託された政府がすべての問題を解決してくれれば、あえ

て市民が参加する必要がないとも言える。

しかし、現実には、市民の抱える課題が個別化、多様化していて、政府ではとてもやりきれない。私たちが希求してきた福祉国家も、低成長、マイナス成長の時代にあっては、財政面から破たんし始めている。伝統的な福祉国家は、継続的に成長することを前提につくられてきたが、昨今の税収不足の影響で、水準の引き下げや中止を余儀なくされている。今こそ、新たな国家像を提示し、再構築すべき時なのだろう。その全体議論は、別に譲るが、すべて政府がやってくれるという前提自体に無理がある。

(3) 市民参加の理論

① 法律上の根拠

市民の参加権については、地方自治法にも、いくつかの関連規定が散見される。法一〇条二項は、役務の提供を受ける権利、負担の分任義務を認めているが、住民の参加権は、この規定の表裏をなすものと言えるだろう。税金を払い、サービスの提供を受けるために、正しい情報の提供を受け、参加して意見を言うことができることが必要だからである。法一二条、一三条の直接請求権、さらには住民監査請求（二四二条）、住民訴訟（二四二条の二）の規定も参加権の一種である。

なお、法一〇条の役務提供権は、住民である外国人にも認められる。外国人に対する情報提供権、参加権を排除する意見があるが、感情論にすぎる。また、外国人の地方参政権については、外国人に付与するかどうかは立法政策というのが判例の見解とされている（最判平成一七・一・二六）。国政ならば主権の問題が出てくるが、役務の提供（サービス）と助け合いが主たる業務である地方自治の場合、外国人に選挙権を付与した方が住民全体にとってプラスかどうかを多面的に検討して決めるべきだろう。私たちの社会の未来をにらんで、住民自身による議論が必要である。

②信 託 論

市民参加の理論が信託論である。信託論とは、政府は市民からの信託によって成立しているという考え方である。市民が政府の創造主であって、その持てる権利を自治体政府に信託しているという考え方である。絶対主義国家・王権神授説に対抗して唱えたジョン・ロックの『市民政府二論』がモデルとなっている。なお、信託論においても、市民は国に全部信託しているわけではなく、地方のことは地方政府にも信託しているという関係になる（二重の信託論）。

信託論に立てば、自治体は市民の政府であるという意味が明確になる。市民参加は、市民の政府を担保する基本的な制度ということになり、その権利性が明確になる。さらには、講学上、住民自治と言われるものは、市民参加と同義であることが分かる。

(4) 市民参加の展開

①市民参加の広がり

市民参加は、住民自治の具体化ということで、行政に対する市民参加が基本である。実際、公共政策において、イニシアティブを取っているのは、行政であるから、これまで行政への市民参加が、もっぱら検討の対象になってきた。行政に対する市民参加についての理解は進み、市民参加の手法も数多く開発されてきた。

また、近年では、政策提案機関としての議会に対する期待が高まっていることから、議会への市民参加も重要なテーマとなっている。

さらに、市民（とりわけ市民セクター）も公共主体と考えると（新しい公共論）、そこに市民が参加することも重要になってくる。自治会や町内会など地域コミュニティへの参加やＮＰＯなどのテーマコミュニティへの参加である（新しい住民自治）。

②多様な参加システム

参加は幅広い概念で、シェリー・アーンスティンは、世論操作（manipulation）から、市民のコントロール（citizen control）まで、八段階の「参加のはしご」を提案している。これに対しては、市民コントロールまで参加の概念に含めるのは無理があること、上に登れば登るほど優れている

図1　市民参加のステージ

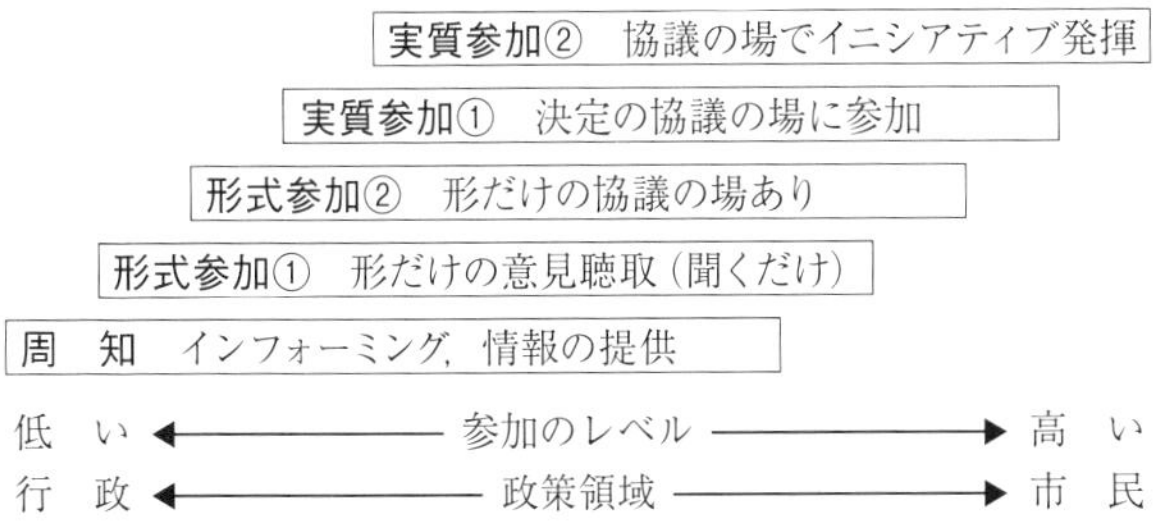

という、はしごの発想自体が、参加の実態に合致しないと考えて、私は参加のステージという考え方を示している（**図1**）。

この参加のステージから見ると、参加は「周知」から「実質参加」まで幅が広いが、地方自治においては、実質参加をどのように内実のあるものにするかが最大の論点である。

たしかに、これまでも説明会や公聴会といった市民参加が行われてきているが、若者たちや女性の参加は少なく、高齢者・男性を中心とする特定の市民の参加になりがちである。また、会議の運営方法も、形式的・画一的で、会場は行政から市民への一方的な説明または市政への苦情、陳情をする場になりがちだった。これに対して、最近では、市民参加の方式は多様化し、参加の実質化を目指す新しい方式が開発されている（パブリックコメント、ワークショップ、市民ＰＩなど）。

2 市民参加の課題――熟議型市民参加の展開

(1) 先行研究から

市民参加の課題については、多くの調査があるが、「参加型まちづくりの現状と課題に関する調査報告」（東京大学先端科学技術研究センター・野澤千絵）は、市民参加の課題を的確かつ簡潔にまとめている。

これによると、市民側から見て市民参加には、①自治体側の消極的態度・対応、②職員の市民参加への理解・認識、知識の低さ、③行政情報の公開・提供の不備、不足、④市民参加のシステム・方法が未確立（トップの意向や担当者の対応で違ってくる）、⑤市民参加を支援する制度（持続可能な市民参加）の不足等が指摘されている。他方、行政側から見ても、①市民の参加意識や基礎知識の不足、②市民組織の縦割り、連携・ネットワークの不足、③コーディネーターとなる人材基盤の脆弱性、④参加者の偏り等があるとされる。要するに、市民参加の理念と現実との間には乖離があるということである。

表1　参加型まちづくりの阻害要因の整理

自治体側	市民側
①時間がかかる，事務量の増大 ②庁内連携の困難性，庁内の縦割り ③行政の学習(力量)不足・意識の低さ ④行政の情報公開・提供，普及・啓蒙活動不足 ⑤公正で透明な意思決定システムの不備 ⑥市民参加や市民活動を支援する制度の不足	①市民のまちづくりへの参加意識の低さ・まちづくり基礎知識の不足 ②市民組織同士の連携・ネットワーク不足 ③コーディネーターとなる人材基盤の脆弱性 ④年齢層やまちづくり関連団体への参加の偏り

（資料）　野澤千絵「参加型まちづくりの現状と課題に関する調査報告」を参考に整理した。

(2) 市民参加の課題

市民参加の課題のうち、特に問題なのが参加者の特定性と熟議の不足である。

①特定の参加

(ア)行政指名型市民参加

これまでは行政指名型の市民参加が一般的であった。審議会を設置し、そこに団体代表としての市民が委員として参加する場合である。

この行政指名型市民参加も、適切に運営すれば、有為の市民を集めることができるというメリットもある反面、とりたてて専門的な知見を持たない市民が、団体代表として充て職的に参加するというケースも多い。その結果、メンバーの固定化・特定化が生じ、「さっきの会議でも一緒だった」という場面が発生する。また、役所の説明を追認するだけの市民参加になってしまい、市民の思いが十分に代弁されていないという結果にもなる。

(イ)自由公募型市民参加

希望する市民が参加する方式である。公募なので、一見すると、参加者の固定化・特定化を防げると思いがちであるが、「応募する市民は、いつも同じメンバー」という現実がある。たしかに地方自治に関するテーマで参加する市民というのは、現実には少数であることは否定できないから、結果的に参加する市民が重複してしまうということは十分考えられる。

これは、参加の機会は開かれているが（参加機会の民主性）、実際に参加する市民が固定化・特定化しているということであるが、その結果、そこで決定した事項は、多くの市民の意見と乖離し、市民意見を代表していないのではないか（決定内容の民主性）という疑念を生じることになる。

以上のような市民参加の偏り、形骸化を放置しておくと、市民参加そのものに対する疑義が生じ、ひいては住民自治や民主主義そのものへの疑念にまでつながってしまう。市民参加を実質化するための仕組みや技術の開発が重要になってくる。

②熟議の不足

近年、新たな参加制度が開発されているが、全体に、参加機会の民主性に主眼が置かれていて、決定内容の民主性が弱いのが特徴である。

たとえば住民投票は、広く市民に参加の機会は開かれていて、その意味では、参加の民主性という点では優れている。みんなが参加することが民主的の本質だとすると、住民投票は最も民主的な制度と言える。しかし、民主主義とは価値の相対性で、つまりさまざまな価値、意見の中から、より良いものをつくり上げていくことが民主制の本質であると考えると、住民投票は、大きな課題を抱える制度である。

住民投票の最大の弱点は、少数者を数の力でねじ伏せることである。投票の結果、数で決まったから従えという制度だからである。しかし、私たちの社会は、一人ひとりが尊重される社会で、弱い人も声の小さい人も、価値が認められる社会である（憲法一三条）。声の小さい人の思いをくみ取って、少しずつではあるが、歩を前に進めるのが、私たちの社会で、それが地方自治の役割である。住民投票は、小さな声を力ずくで否定してしまうことになる。

多くの場合、投票をすると、コストがかかるからと言って、福祉施設はできないことになる。図書館も必要ないということになる。福祉施設利用者も図書館利用者も少数だからである。市庁舎も立て直しができないことになる。市役所職員も少数だからである。

私たちの社会は、数でAかBかを決める社会ではなく、知恵をたくさん繰り出して、AとBのよいところを取り入れて、Cを生み出す社会である。熟議の市民参加という観点から、市民参加制度を開発、構築していく必要がある。

Ⅱ　市民参加先進国ドイツの試みから

近年、市民参加における参加者の多様性を確保し、熟議の不足を補うさまざまな手法が開発され、試みられている。この章では、市民参加先進国ドイツの事例を紹介する。

なお、文中で使用している円・ユーロの換算レートは、公益財団法人大阪府市町村振興協会・おおさか市町村職員研修研究センター（通称・マッセＯＳＡＫＡ）が実施している海外研修の一環として、筆者がドイツを視察訪問した二〇一一年九月二六日現在の一ユーロ＝一〇四・四円であり、国・州・市・区の人口は、同年一二月時点での概数であることを、あらかじめお断りしておきたい。

1　市民参加の国ドイツ

(1)ドイツと日本――共通性・相違性

①ドイツの歴史的背景から

日本の近代化、さらには地方自治制度の導入にあたって、そのモデルとなったのがドイツである。

ドイツには中世から自治権のある自由都市（ハンブルク・ブレーメンなど）の伝統があり、もともと地方分権的な政治が行われていた。そのドイツが、国民国家として統一されたのは一八七一年であるから、フランス革命（一七八九年）に遅れること約八〇年、日本の明治維新（一八六八年）よりも遅いことになる。しかし、その後、急速に世界有数の列強に成長していくが、植民地主義にあおられ、列強諸国間の競争が激化すると、国内のマイノリティー（ユダヤ人等）を抑圧することで、国民統合を進めるようなった。そして、ナショナリズムの台頭が中央集権制と結びついた結果、ナチス・ドイツが生まれるに至った。

敗戦後のドイツは東西に分断され、東ドイツは一党独裁体制による政治システム、西ドイツはナチスの反省を踏まえ採用した連邦国家システムと、それぞれまったく違う道を歩むことになる。西ドイツはその後、戦後復興を果たし、急速な経済発展を遂げることとなるが、今日のドイツにとって、大きな転機となったのが一九九〇年の東西ドイツの統一である。この統一は成功だったという評価が大勢を占めているが、時が経つにつれ、経済格差をはじめとするさまざまな問題が顕在化しており、統一後二〇年以上経った今日でも、ドイツ社会に大きな影を落としている。

このように、遅い近代化と急速な列強への仲間入り、中央集権とナショナリズム、敗戦と戦後復興、そして高度経済成長と、その過程が日本と似ていることから、多くの日本人が、ドイツに対して、ある種の畏敬・親近感を持ち、目標としている背景になっている。良くも悪くもドイツは日本のモデル的な存在となってきた。

他方、ドイツは日本のモデルだといっても、ドイツはヨーロッパの国である。国境を接する他の国々の影響・荒波を受けながら国づくりが行われてきた。地方自治制度についても、ヨーロッパでは、絶対王政が確立していく過程の中で、地方領主や自由都市が自由を確保するために、団体自治というかたちで主張してきたという伝統がある。ドイツの連邦制は、その反映であるが、地方自治の後背にある民主主義の歴史も、日本とはずいぶん違っている。

そのためか、ドイツ人は、議論を重ねて、論理的により良いものを創っていくのが得意であるが、それに対して、日本人は和を重んじる国民性から、対立的な議論をあまり好まない傾向がある。こうした違いは、市民参加制度を考える上で考慮すべき点であろう。

②ドイツが抱える課題

ドイツは移民問題を抱えている。多くの国境に接していること、そしてナショナリズムの反省から移民にも寛容だったこともあり、経済成長期や統一期などに段階的に移民が増えた。ドイツの人口（約八二五〇万人）のうち移民のバックグラウンドを持っている人が約一五四〇万人（そのうち国籍取得者は約八一〇万人）と言われている。その結果、ドイツ語を話せない人々や、ドイツの教育・職業システムから離脱した人々が、社会から遊離した「平行社会」をつくっており、高失業率の原因ともなっている。今後、これらの人々をいかにドイツ社会に統合させるかが大きな課題となっている。

現時点において、このことが日本での差し迫った課題にはなっていないが、ドイツが移民政策を進めてきた背景の一つに、少子高齢化社会を見据えて、移民で労働力不足を補い生産力を維持してきた側面があり、日本でも近い将来直面する可能性があるということである。

また、敗戦後二つに分断されたドイツは、統一を成し遂げた後も、未だにその後遺症に悩まされている。統一後のドイツでは、旧東ドイツ地域に多くの資本が投入されたにもかかわらず、そこでの失業率は改善されていないことから、社会的・経済的に弱者の多い旧東ドイツ側だけでなく、旧西ドイツ側にも不満が広がっている。

③高福祉、高負担の国

東ベルリン郊外の町並み

施策面において注意すべきは、負担と福祉の関係である。分かりやすく言うと、ドイツが高負担、高福祉の国であるのに対して、日本は、低負担の割には、高福祉の国であるということである。ドイツでは、高い税金（消費税は一九％）を払い、高い水準の福祉サービスを享受するという仕組みを採用している。それゆえ市民は、払うものは払う代わりに、行政が行うサービスに対して意見を言うというかたちで市民参加手法も発展してきた。

一方、日本は低負担で、行政による福祉は、さほど高くはない。ただ、日本の福祉サービス全体の水準が低いというわけではない。その差は地域や企業の努力によって補われている。つまり、ドイツでは、「公助（行政）」の領域と「自助（個人）」の領域がはっきり分かれているのに対し、日本では、その間に位置する「共助（地域や企業）」の領域が機能していることが特徴である。つまり、熟議型市民参加制度を考えるにあたっても、ドイツとの違い、日本の特徴を踏まえる必要がある。

(2)ドイツの地方自治制度

①首長と議会の関係

ドイツ連邦共和国の名称にあるように、ドイツは一六の州が強い自治権を持つ連邦制を採用している。州が、まず所管権限を持ち、連邦の権限は基本法に列挙された事項に限定されている。地方自治制度を定めるのも州の権限とされている。

日本では、地方自治制度は、画一的な二元代表制度を採用し、首長と議員の双方を選挙で選ぶ仕組みとなっているが、ドイツでは州によって、①議員を選挙で選び、議会が首長を選ぶタイプ（首長制モデル）、②議員を選挙で選び、議会が行政機関として参事会を選任するタイプ（参事会制モデル）、③議員を選挙で選び、議長が首長となるタイプ（北ドイツ評議会制モデル）、④選挙で議員と首長を選ぶが、首長と議長は兼務（南ドイツ評議会制モデル）の四種類に分類されるとしている。ただ全体には、小さな市町村の名誉職の首長といった例を除き、市町村では、首長が直接選挙で選ばれる傾向がある（財自治体国際化協会発行『諸外国の地域自治組織』）。

首長と議会との関係では、ドイツは議会の権限が比較的強い傾向があるが、それにもかかわらず、直接民主主義的な市民参加の手法が発達しているのは興味深い。またドイツの住民投票制度に見られるように、直接的な市民参加に議会が関わる仕組みを加味するなど、市民参加を議会と対立的に受け止めない点が、日本の状況とは大きく違っている。

②ＮＳＭ（新制御モデル）と市民自治体構想

ドイツにおいても、少子高齢化社会を迎え、従来の高負担・高福祉システムに限界が生じており、行政改革によって、これらの課題にいかに対処していくかが問われている。

イギリスでは、ＮＰＭ（ニュー・パブリック・マネジメント）という、民間企業のマネジメント手法を公的部門に導入して公的部門の効率化や活性化を図ってきた。ドイツでは、イギリスのＮＰＭを採用せず、独自に住民の自治意識など社会的な要素を加味した行政改革手法として、ＮＳＭ（新制御モデル）を導入している。

ＮＳＭ（Das Neue Steurungs modell）とは、公共の仕事を民営化するのではなく、民間の経営モデルにならった手法を総合的に行政手法に導入することにより、行政サービスの質の向上や競争力の向上など自治体経営の効率化を図るものである。

具体例として、市民を顧客として捉えることで、行政サービス窓口を一本化する市民サービスセンターを各地に設置するなど、行政サービス向上するなどの成果も出ている。

しかし、多様化する社会、伝統的コミュニティの弱体化、市民の行政への無関心、市民と行政の対立関係を背景に、NSMによる企業経営的手法だけでは限界が見られた。一九九八年には、日本の全国市長会にあたるドイツ都市会議において、NSMを包含し発展させた形として、市民自治体（Bürgerkommune）構想が、地方自治体の基本的なモデルとして提唱されている。

市民自治体構想は、市民を行政サービスの顧客としてだけでなく、協働作業者としての市民、参加者としての市民として捉え、市民・政治・行政の三者の関係による市民自治体によって、市民の主体的な参画・協働による自治体運営を目指すとの構想である。このような考え方は、ほぼ日本と同様な動きになっている。

ベルリンの壁

(3)ドイツにおける市民参加の潮流

一九六〇年施行の連邦建築法では、可能な限り初期の計画段階において計画に関する目標と理

図2　市民自治体構想

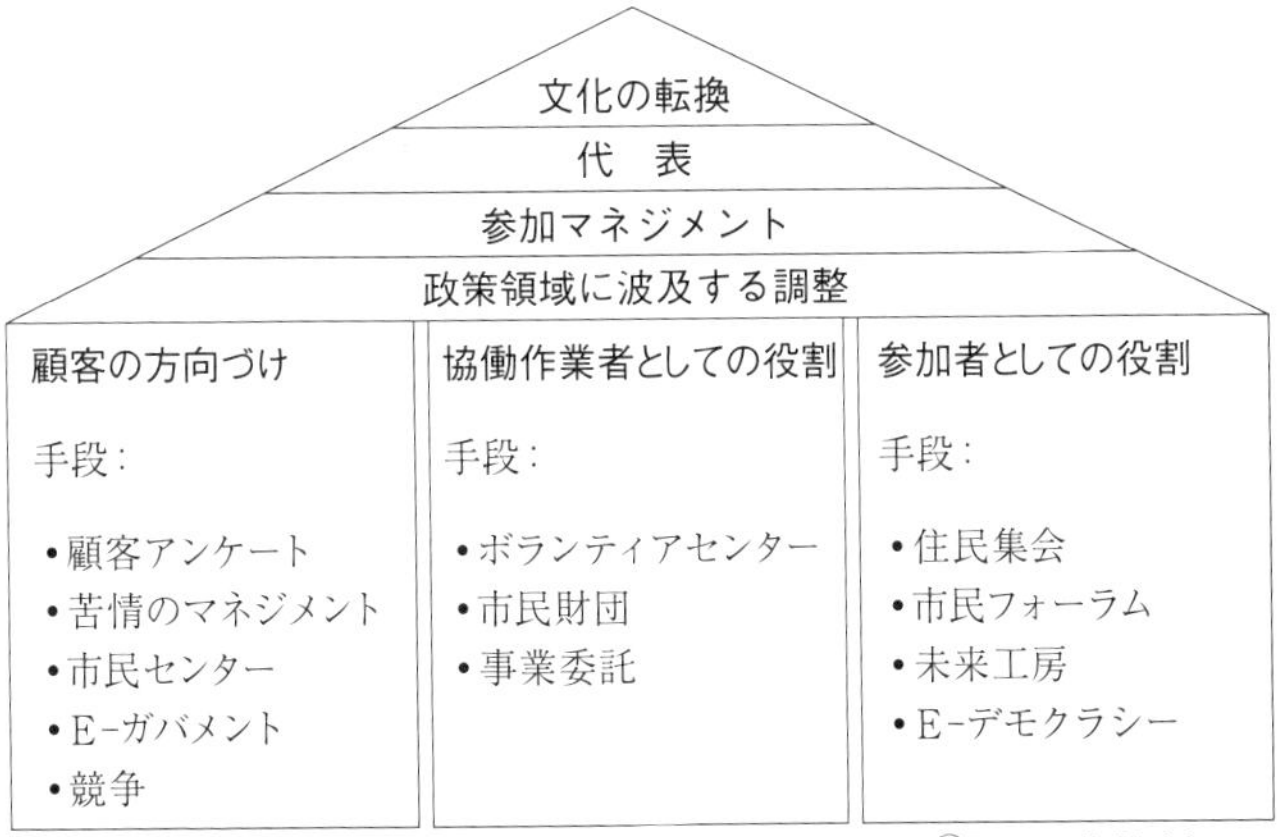

ⓒBogumil/Holtkamp

（出所）　視察時提供資料。

由を市民に開示し、その計画によって予測される影響までを情報提供しなければならないと規定されている。その後、一九七〇年代に入って、市民参加は先進的な自治体を中心に行われるようになったが、単に説明会を開催し、市民の意見を聞くだけの市民参加ではなく、より一歩進んだ拡大市民参加となっている。

　ドイツではさまざまな統合が課題である。東西ドイツの見えない心の壁を乗り越えて一つのドイツに統合し、また、いろいろな国から来た移民を社会的に統合していくには、市民自身の意識や行動の変革が大きな要素になる。そこで、市民の主体性を引き出しながら、市民を行政

表２　先進国の市民参加手法一覧

手法の名前	発明者（発明場所）	参加人数	必要期間	必要の汎用目的
未来工房（Zukunftswerkstatt）	ロベルト・ユング（ドイツ）	15人程度	集中的に2日間	企業の職場環境改善／官と民との共同プロジェクト
プラーヌンクスツェレ（Planungszelle）	ペーター・ディーネル（ドイツ）	25人程度	集中的に10日間	都市計画などをはじめとする市民参加
円卓会議／ワークショップ	ラインハルト・ゼルノーなど（ドイツ）	20人程度から	任　意	都市計画や交通計画，住民参加
市民展覧会（Bürgerausstellung）	ショップハウス（ドイツ）	任　意	任　意	社会問題の解決を図る際／政治的な決定に関する市民参加
未来探索会議（Future Search Conference）	マーヴィン・ウァイズボード（アメリカ）	50人程度	集中的に3日間	ローカルアジェンダ21／都市計画の策定作業
プランニング・フォー・リアル（Planning for real）	トニー・ギブソン（イギリス）	50人から70人程度	2週間程度	居住地区周辺の改善と発展／公民館，集合住宅などにおいて共同で利用する建物
オープンスペース（Open Space）	ハリソン・オーウェン（アメリカ）	5人から2000人	集中的に1〜3日間	国際会議／企業・職場の会議／住民参加
弁護士支援による計画（Anwaitsplanung）	（アメリカ）	任　意	任　意	都市計画や社会福祉事業の実施の際の住民参加
ワークブック法（Workbook-Method）	（ノルウェイ）	地　域	数カ月	都市計画などをはじめとする住民参加
電子住民参加（e-Participation）	（アメリカなど）	任　意	任　意	政治的な決定に関する市民参加

（出所）　村上敦『フライブルクのまちづくり』学芸出版社，2007年，206-207ページ。

や社会に参加させていく手法が開発・運用されている（**表２**）。未来工房（Zukunftswerkstatt）、プラーヌンクスツェレ（Planungszelle）、市民鑑定、市民予算などの手法である。住民投票制度もドイツでは独自の発展を遂げている。また、市民参加の裾野を広げるために、ドイツではコーディネーターを育成し派遣している市民団体、市民参加手法等の研究を行う大学等も数多く存在していることも特徴の一つである。

(4) 市民協会

①ドイツのＮＰＯ

日本では、阪神・淡路大震災をきっかけに、ボランティア活動への関心が高まり、一九九八年一二月には、ＮＰＯ法（特定非営利活動促進法）が施行された。以降、ＮＰＯは急速に数を増やし、二〇一三年三月末では四万七五四八法人が認証を受け、社会に定着した感がある。

一方、ドイツではＮＰＯという概念は使用されているものの、たとえば、日本の特定非営利活動促進法に該当するような法制度はなく、ＮＰＯに関するイメージは多様で幅広い。

ドイツの非営利団体に該当する団体としては、「協会」（Verein）がある。一九世紀に市民社会が発展する際に、職業や身分とは関係なく、自治や民主主義の原理を持って、第三の勢力として形成されたものである。歴史を遡ると、中世の時代に発展した同業者組合であるギルドから発展したものであるとされており、公的セクターの対抗勢力としての第三セクターを含むという特徴を持つ。さらに、協会には登録と非登録の協会がある。

②登録協会とは

図３　登録協会の分類

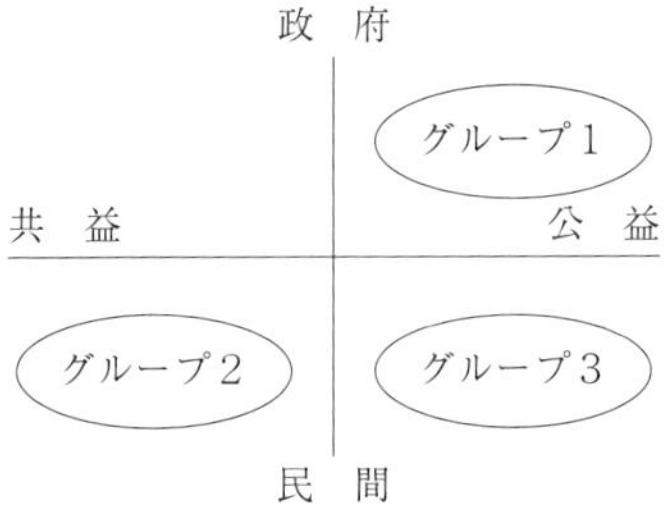

（出所）室田昌子「ドイツのまちづくり分野のNPO法人の活動実態」『武蔵工業大学環境情報学部開設10周年特集号』2006年10月，200ページ。

登録協会とは、ドイツ民法（ＢＧＢ）で規定される非営利団体である協会のうち、登録されているものを指す。登録には、構成員数や定款の作成などの要件があるが、比較的容易に登録することができるために、ドイツ国内に広く存在し、二〇〇五年時点で、五九万四〇〇〇団体にもなる。これらの団体は、コミュニティづくりの重要な担い手であり、コミュニティ・マネジメントを進める上での主体や関係者たちである。

図３は、その登録協会の分類したものである。政府と民間、共益と公益という軸の中で、グループ３が「公益を担う市民が設置した団体」で、ＮＰＯに該当する。市民で構成された市民協会もここに属する。

こういった市民協会などの団体は、コミュニティづくりの重要な担い手である。地域住民活動支援団体やまちづくり団体は、地域に多様なネットワークを形成しており、コミュニティづくりを中心に推進する運営主体としての役割を担うものが多い。

③パンコウ区ハイナースドルフ市民協会

ここで紹介するのは、ドイツのベルリン州の北東に位置するパンコウ区の中央にあるパンコウ区ハイナースドルフ市民協会である。

約六五〇〇人の住民がいるハイナースドルフは、今なお旧東ドイツの雰囲気が残る静かな町である。その町に二〇〇六年ごろ、イスラム教のモスクを建てる計画が持ち上がり、その建設に反対する住民運動は、瞬く間に広がった。反対する住民の中には、かなり過激な活動をする者もいたが、お互いに話し合いをし、共存の道を模索することとなった。そして、区の住民で構成する市民協会としてハイナースドルフ市民協会が設立され、現在は法的に認められた団体として活動している。

活動としては、二〇〇七年にワークショップを立ち上げ、催し物やスポーツなどの活動を始めた。スポーツワークショップでは、傷んだ状態の広場を子どもたちが使えるように整備するため、その費用を負担してくれるスポンサー探しから始めたところ、ドイツの児童青少年財団から施設の維持を条件に四万ユーロの寄附金を受けることができた。それを資金に市民協会のボランティアの協力を得て、スポーツ施設が完成した。今では、サッカーの試合が毎週行われるなど、親子でスポーツができる場として活用されている。

また、コミュニケーションワークショップでは、同地区の政治家だけでなく、他の区の政治家も招いて区の住民と二、三カ月に一度、意見交換をしている。近年では、ベルリン州の総選挙について候補者を交えた中で議論をするなど、住民には好評とのことである。

これらのほか、「村のまつり」、「子ども」などをテーマにしたワークショップも行っており、それらの活動において過去と現在を踏まえ、未来を見通すイメージを議論する手法、未来工房（Zukunftswerkstatt）を取り入れている。

協会側の話によると、区の住民が集まりさまざまなワークショップ活動を通して議論し、住民自身が社会貢献へのやりがいを感じられるような成果を上げることが重要である。そしてそれが住民のモチベーションを引き上げ、それが次の活動につながっているとのことであった。

2　住民投票

ドイツの市民参加制度の特色の一つが、充実した住民投票制度である。ドイツならではと言える制度概要や運用実態を見る中で、熟議型市民参加の可能性を考えてみよう。

(1)ドイツの住民投票制度——意義と背景

①背　景

ドイツにおける住民投票制度は、連邦・州・地方自治体ごとに存在するが、その導入に関しても違いがある。

連邦レベルでは慎重で、住民投票制度は、連邦を構成する州の廃置統合ないし境界変更（第二九条、第一一八条および第一一八a条）にのみ限定している。これは、ワイマール時代にナチスが国民投票を利用したという反省に基づくものである。

他方、州レベルではむしろ積極的で、当初は、バーデン・ヴュルテンベルク州のみにとどまっていた住民投票制度も、一九九〇年の東西ドイツ統一が契機となり、一九九七年にザールラント州で制定されて、ドイツ全一六州で州レベルの住民発案、住民請願および住民投票制度が導入された。また地方自治体レベルでも、重要な地域課題について住民投票制度が認められている（以下、住民投票制度については、もっぱら『ドイツの地方自治（概要版）二〇一一年改訂版』㈶自治体国際化協会を参照した）。

地方自治体に住民投票制度が広がった背景としては、旧東ドイツ各州の自治体法で住民投票制度が採用されたことにあるが、都市の再開発やインフラ整備などを行う過程で、地域住民との合意形成によるまちづくりを進める必要が出てきたためである。

②住民投票制度の概要

州レベルの住民投票制度には、州民発案（Volksinitiative）、州民請願（Volksbegehren）、州民投票（Volksentscheid）という手続きがある。

発案は、発案者が一定数の署名を集め、議会に対して政治的施策を提案できるものである。これにより、住民の意思を直接議会に示すことができる。請願は、発案による提案が議会で同意されない場合、発案者の要求により行われる。成立要件は、発案よりおおむね厳しいものとなっている。投票は、請願が議会で受け入れられない場合に行われる。提案に対して、賛成・反対の票を住民が投じ意思表示を行うものである。

手続きは州ごとに違い、大別して二段階方式と三段階方式に分類される。二段階方式では、州民請願から手続きが開始され州民投票に移る。三段階方式では、州民発案からスタートし、州民請願を経て州民投票へと移る。

ベルリン州およびブランデンブルク州における州民投票制度は、それぞれベルリン州憲法第六一～六三条、ブランデンブルク州憲法第二二条第二項に規定され、手続きは三段階方式となっている。

図4　ブランデンブルク州における州民投票の流れ

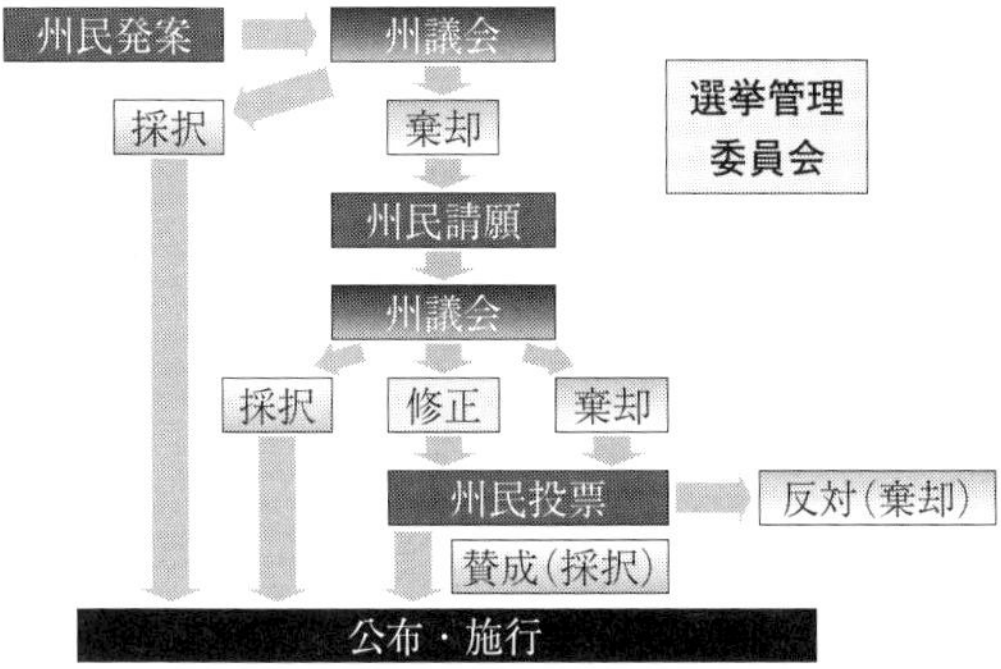

③ブランデンブルク州の住民投票制度

ブランデンブルク州（人口約二五〇万人）では、まず州民発案として、一定の政治的施策の審議を求める提案を二万人以上の署名を集めて州議会に提出する。

その提案を州議会が否決した場合、発案代表者の請求により州民請願が実施される。州民請願は州民発案とは異なり投票管理機関により実施されるため、街頭で署名を集めることはできず、市民は官公庁等指定場所へ出向かなければならない。四カ月の登録期間内に八万人以上の有権者の支持が得られた場合、州民請願が成立する。

この州民請願を州議会が再び否決した場合は、州民投票が実施される。提案が州議会で採択されるには、投票者の過半数かつ有権者の少なくとも四分の一の賛成票が必要となる。

④ベルリン州の住民投票制度

ベルリン州（人口約三五〇万人）の場合、新法の制定は州民発案の対象ではなく、この場合は州民請願から始まることになる。

提案者はまず、

① 六カ月以内に、提案に賛同する有権者の二万人以上の署名を集める。これをクリアすると州民請願を行う許可が得られる。

② 次に四カ月以内に有権者の七％（約一七万人）以上の署名を集めると、議会で提案が審議される。議会が提案を承認すれば、提案内容は施行されることになる。

③ 議会が否決すれば、州民投票の実施となる。州法制定に関する州民投票には、「有効投票数の過半数が賛成票である」こと、かつ、「獲得賛成票が全有権者の二五％以上を占める」ことが成立要件である。特に投票参加者が少ない場合は後者の要件を満たさないので、一定以上の投票率が必要となってくる。

以上のように、住民投票制度とはいっても、州民発案または州民請願の段階で議会が採択をすれば、州民投票は行わない組立てとなっている。あくまで代表民主制を補完する限定的な制度という位置づけである。また、予算・租税・人事権などは州民投票の対象外となっている。

なお、州民発案、州民請願に必要な署名数や年齢要件、署名期間などは州により異なっている。州民発案を例に挙げると、ブランデンブルク州の場合は、年齢要件は一八歳以上とされており、国籍に関係なく、一カ月以上同州に滞在している者（滞在許可が証明できること）である。ベルリン州については、一六歳以上の住民とされており、選挙権がなくてもよいことになっている。

ベルリン市街地　都会でありながら、いたるところで緑と水に触れ合える

⑤特色——日本との違い

(ア)日本の住民投票制度は限定的

日本では、法律に基づく住民投票制度は、地方自治法に基づく直接請求の結果行われる住民投票のほか、市町村の合併の特例等に関する法律に基づく合併協議会設置の請求に限られているが、ドイツの場合は、予算・租税・人事権などを除いて、広く住民投票が認められている。

(イ)法的拘束力

ドイツにおいては、住民投票の結果は自治体の意思を拘束するが、日本では、行政や議会を拘束する住民投票条例は違法であるとされている。両者は大きく異なるが、住民投票制度が間接民主制を補完する限定的な制度という点では両国において認識は一致している。

(ウ)議会の関わり

ドイツにおける住民投票制度で特筆すべきは、議会の関わり方である。日本の常設型住民投票条例は、一定数の署名が集まれば議会を飛ばして住民投票を実施するという点が特徴であるが、ドイツでは、発案または請願段階で議会が審議を行う。住民投票の結果は自治体の意思を拘束するため、議会は住民の意見を慎重に審議することになる。つまり、議会も責任の一端を担うことになる。そのため、住民投票制度は議会軽視という意見が出る日本とは違い、議会の力量が問われる仕組みとして、住民が議会にプレッシャーを与えるまでに至っている。

(2)住民投票が行われた事例

①ブランデンブルク州とベルリン州の合併に関する州民投票

ブランデンブルク州は、旧東ドイツ五州の一つでベルリン州を取り囲むように位置している。面積二万九四七七・一六㎢、人口約二五〇万人である。

両州の合併議論は、東西ドイツの統一が大きく関わっている。ドイツ統一後の首都ベルリン州とその周辺地域であるブランデンブルク州の経済の活性化を目指して、ベルリン州とブランデンブルク州の合併計画が立てられた。

ドイツ統一直後から、両州で州会議や審議会が行われ、ドイツの憲法にあたるドイツ基本法第五条をもとに両州の州議会で研究調査が行われ、細部にわたって話し合いが行われた。そして、合併に関する六〇の基本条項が決められ、両当局はその成果を自画自賛した。また、両州の住民に対しては、合併に関する九九もの質問とその答えが記載された資料が配布され、合併への関心を高めるべく情報提供も行われた。

ベルリン州・ブランデンブルク州地図

一九九六年五月五日に両州の合併についての州民投票が行われた。合併協定では、両州の州民投票で賛成票がそれぞれ有権者の二五％以上を占めることが合併の条件とされており、投票の結果、ベルリン州では投票率五七・八％、賛成五三・四％で、有権者の約三〇%が賛成したが、ブランデンブルク州では投票率六六・三八%、賛成三六・五七%、反対六二・七二%で、賛成票が有権者の二五%に満たなかったことから、合併は実現しなかった（阿部成治・ドイツまちづくり情報（http://www2.educ.fukushima-u.ac.jp/~abej/deut/d_yougo.htm）による)。

この結果からは、新聞等メディアの伝える情報が、投票結果に大きく影響したと考えられる。当初メディアは両州の合併を積極的に推進する内容の記事を掲載していたが、合併議論が長期化したことにより、同じような情報が何度も報道され、住民の合併議論への関心低下につながった。さらに、両州の合併には莫大な費用がかかることがメディアによって大々的に伝えられた。また、ベルリン州が抱えている多額の負債をブランデンブルク州が受け入れると報じられ、ブランデンブルク州の住民は合併への難色を示したのだった。しかし、実際は合併にあたりブランデンブルク州はベルリン州の負債を受け入れないことで両当局は合意していたのであるが、誤ったメディアの情報を住民が鵜呑みにする結果となってしまった。

この例から分かるように、住民投票の実施時には、メディアの情報伝達の方法如何によって、住民が判断を左右される。正確で、住民が理解しやすい情報提供が求められると同時に、住民自身も情報の取捨選択を行い、理解する力を養っていかなければならないという例であろう。

②テンペルホーフ空港に対する州民投票

(ア)テンペルホーフ空港の歴史

テンペルホーフ空港はベルリン州にある空港である。開港は一九二三年であるが、この空港を一躍有名にしたのは、第二次世界大戦後の冷戦時代に、ソ連が西ベルリンを封鎖したことに対抗して、アメリカ・イギリスなどの西側陣営が行った「ベルリン大空輸」の舞台となったことである。この歴史が、西ベルリン住民に「テンペルホーフ空港が西ベルリンを守った」という意識を強く抱かせるきっかけとなった。

ドイツ統一後、ベルリン州にはテンペルホーフ空港の他にテーゲル空港、シェーネフェルト空港が存在し、その効率の悪さが目立った。そこで、テンペルホーフ空港については、騒音や赤字の問題を理由に、一九九六年に連邦政府・ベルリン州・ブランデンブルク州が連名で、シェーネフェルト空港に統合する案に合意した。

(イ)テンペルホーフ空港存続に関する州民投票

テンペルホーフ空港とシェーネフェルト空港との統合は合意されたもののシェーネフェルト空港の近隣住民による反対運動でストップしていたが、二〇〇七年になってテンペルホーフ空港とテーゲル空港の閉鎖を条件に、シェーネフェルト空港を拡張することがドイツ連邦行政裁判所によって決定された。

この判決を受けて社会民主党（ＳＰＤ）出身のベルリン市長がテンペルホーフ空港閉鎖を決定すると、以前からテンペルホーフ空港の閉鎖に反対していたキリスト教民主同盟（ＣＤＵ）の支援を受けた住民が、空港の存続を求めるアクションを起こし、その結果、二〇〇八年四月二七日に州民投票が実施された。

州民投票の実施手続きとして、まず、州民発案が行われたが、州議会がこの発議を否決したことから州民請願に移ることになった。ここで、四カ月以内に必要とされる約一七万人の署名を上回る、二〇万人を超える署名を集めることに成功したが、市議会が再度否決したことから、州民投票が実施されることになった。しかしながら、この州民投票をもって、先に出された判決を取り消すのは困難であることから、一部の専門家を除いて、実質的には法的拘束力のない州民投票との見方が広がっていた。

州民投票実施前には、ベルリン州のすべての有権者に開催通知と情報が記載されたパンフレットが配布されたが、投票率は三六・一％と低く、投票者数全体の六〇・一％が空港存続に賛成したにもかかわらず、獲得賛成票は、全有権者数の二一・七％にとどまり、州憲法で定めるベルリン州全有権者数の二五％には満たずに不成立となった。

投票率が低かった主な原因は、空港存続に思い入れの少ない旧東ベルリン州側の住民と、さらには旧西ベルリン州側においても若者を中心とした無関心層が投票しなかったこととされている。この結果を受けて、同年一〇月、テンペルホーフ空港はその歴史に幕を閉じることとなった。実際に空港存続を願っていたのは、「ベルリン大空輸」時のテンペルホーフ空港の重要性を、身をもって知っている一部の住民に限られていたのである。

この州民投票は、感情論になりがちなテーマが果たして州民投票にふさわしいかを考える一例と言えるであろう。

③水道公社の一部民営化に関する情報公開法の制定を求める州民投票

㈠州民投票の背景

二〇一一年二月一三日、「ベルリン州水道公社の一部民営化に関する契約の開示を求める法の制定」について行われた州民投票の結果は、ベルリン州における州民投票の歴史に新たな足跡を残した。

この州民投票は、世界的に見ても高いベルリン州の水道料金に端を発している。同州では一九九九年、水道公社の一部民営化が議会で決定され、州が五〇・一％の資本を所有し民間企業が残り四九・九％の資本を所有する第三セクターが設立された。この第三セクターは、大幅な人員削減などによる経費削減で利益を上げたが、一方、住民の支払う水道料金は数年で三五％増と急速に値上がりした。このことから住民は、水道料金の値上がりは水道公社の一部民営化が原因だと考え、一部民営化の契約内容を明らかにするための活動団体として、二〇〇七年に「水のテーブル」（Berliner Wassertisch 以下、「ＢＷ」と略す）という市民ネットワークを結成した。

(イ)経　過

ＢＷはまず、州民請願を行う許可申請の段階で、規定の倍である四万人近い署名を集め、州民請願を行うことが許可された。そして次の段階である州民請願では、四カ月で規定の約一七万人をはるかに超える三〇万人もの署名の収集に成功し、新法制定の請願を議会に提出したが、州議会が請願を否決したため、同州で三度目となる州レベルでの州民投票が実施されることとなった。州民投票では、投票数の九八％の賛成票を得ると同時に、この賛成票が有権者の二七％を占めたため、二大成立要件をクリアし、投票を成立させることができた。

(ウ)成立の要因

この州民投票が成功した理由は複数あるが、特に、請願者であるＢＷのコンサルタントを務め、「もっと自由を」との意味を持つ、社団法人メアー・デモクラティ（以下、「ＭＤ」と略す）の功績に注目したい。

この社団法人は、各州で住民請願の受理から投票の成立までさまざまな規則があるドイツの住民投票制度を住民が活用しやすいよう、発案者へ助言を行うコンサルティング事業をドイツ全土に広がる各支部において行っている。

発案内容が法令に抵触しないか、どのようなスケジュールで準備を進めたらよいか等、発案者である住民に代わって精査し、アドバイスをすることで、住民が専門的な知識を持ち合わせていなくとも、住民投票制度を活用して自分たちの意見を自治体の施策へ反映させられるようにサポートしている。

そして、MDのもう一つの注目すべき活動は、より多くの人が参加できる住民投票制度を目指して、制度改正を政府に働きかけていることである。実は、BWの州民請願が行われる少し前に、MDなどの尽力により「二カ月の間に指定の場所で有権者の一〇%の署名を収集すること」という以前の州民請願の成立条件が、「四カ月の間に有権者の七%の署名を収

ベルリン水道公社のマンホール　ベルリンのランドマークが描かれている

集すること」に緩和されたところだった。また署名の収集場所も自由化され、役所内に限らず街頭での署名も可能となった。今回の州民投票の成果は、コンサルタントとしてのＭＤの働きはもちろんのこと、ＭＤが住民投票制度の導入から長きにわたって取り組んできた制度の条件緩和が直前に実現したことによるものが大きいと考えられる。

このベルリン初の州レベルでの住民投票の成立は、一九九五年にベルリン州に導入された住民投票制度を一五年かけて住民が検証し、行政へたびたび改正を働きかけてきたことで、ベルリン州の住民投票制度がやっと実質的なものになってきた、ということを物語っているのかもしれない。

(3) 熟議型市民参加から見た住民投票

熟議という点から見ると、住民投票制度には、市民はイメージやムードで投票していないか、さらには数で劣る少数者へはどう配慮するのかといった課題がある。また、条件が厳しく、なかなか成立しないのではないかという疑問もある。議会との関係も気になるところで、市民が投票で決定するならば議会は必要ないのではないか、また議会からは議会軽視であるという意見がしばしば聞かれるところである。

①正確な情報

住民がイメージやムードで投票しないためには、住民が得られる情報の量や内容・質がカギとなる。

行政からの情報提供では、ブランデンブルク州とベルリン州の合併に関する州民投票において、合併について九九項目の質問事項とその答えが記載された資料が配られている。また、テンペルホーフ空港存続に関する州民投票でも、開始通知と同時に情報が載ったパンフレットが送付されている。

提案者である住民・住民グループも、署名収集時や投票前に、キャンペーン運動を行うなどして、住民投票に関する情報を提供する。前述のMDでは、ポータルサイトを立ち上げ、また街頭でもさまざまな署名活動やキャンペーン運動を展開している。それによって住民は、情報を得ることができる。

マスコミからの情報は、最も住民の目にふれやすい。

合併の情報が載ったパンフレット（Auszug aus dem Staatsvertrag zur Länderfusion Berlin-Brandenburg mit Erläuterungen）

適切なタイミングで、公平な情報を提供する責任は大きい。そのことは裏を返せば、ブランデンブルク州とベルリン州の合併に関する州民投票の事例で見られたように、マスコミが住民投票についての情報を取り扱わなくなれば、住民の関心は大きく低下するということでもある。

②少数意見への配慮

住民投票は、多数意見に決定権を与えることになるが、結果として、少数意見に対する配慮が不十分になるのではないかという問題である。

ドイツの住民投票制度では、いくつかの段階で少数者の利害への影響を審査することが可能である。

まず、住民からの発案を受理する段階では、その発案の中に一部の住民や団体、弱者や少数者に対して法令に定められている基本権を侵害するような部分がないかを確認しなければならない。つまり、住民からの発案は、まず憲法や法に照らし合わせて審査され、その中に弱者や少数者が不利益を被るような内容が含まれていたならば受理されない。

また、発案が受理されたとしても、議会で審議される段階では、各議員は少数者の利害への影響を考慮した上で議論しなければならない。ポツダム大学地方自治研究所テッスマン教授の「市民フォーラム等では、高教育・高収入で発言力のある人々の参加が多く、社会的に不利な立場に置かれている貧困層などの声は聞こえてこない。すでに団結している市民グループやロビー団体の影響が大きくなる危険性もあり、そこから発生する政治的な不平等を調整する役割は、議会にある」（イエンス・テッスマン「ドイツにおける市民参加の形態と近年の動き」『㈶自治体国際化協会ロンドン事務所マンスリートピック』二〇一一年六月、一六ページ）という言葉にも象徴される通り、「対立する利害を調整し、社会的平等を保障し、そして地域全体の利害を考える」ことこそが、住民投票制度に議会が組み込まれている意義であり、この制度における議会の役割だと言える。

さらに、住民投票に至り、市民の支持を得て成立した案件であっても、その後、発案の内容が少数者に不利益をもたらす可能性があるとして連邦裁判所で違憲判決が出れば、その住民投票は無効になることもある。

ただし、ベルリン州およびブランデンブルク州においては、実際に投票まで至った実績に乏しいため、これらの仕組みがうまく機能しているかどうかの検証は、まだ十分になされていない。また、この場合の利害は、実際に住民が生活を送る上で不利益を被るかどうかが焦点となり、その地区に住む住民の感情や精神的な拠り所までは考慮されにくい。実際、テンペルホーフ空港の保存をめぐる州民投票では、「ベルリン大空輸」の恩恵が記憶にある西ベルリン州の一部住民はこの空港の保存に賛成していたが、ベルリン州には近辺に他の二つの空港があり、テンペルホーフ空港が閉鎖されても利便性にさほど影響はないことから、「地元住民の愛着ある建造物が失われる」からといって投票結果が覆されることはなかった。

また、少数者の意見尊重については、住民が発案する前に利害者間でしっかりと調整することが大事だという意見もある。前述のMDでは、単に住民投票を行い数の優位性によって結論を出すのではなく、利害者間でコミュニケーションを取りながら調整することを重要視しているとのことであった。たとえば、ある通りの名前を変更したい場合、大多数の区民にとってさほど影響がなくとも、その通りに居住している少数の住民はさまざまな不利益を被るため、通りの名称変更に反対する。その際、区が通りの居住者に対しアンケートを実施して意見を集約したり、区と住民の間で意見交換の機会を設けてできる限り不利益が発生しない方向性を模索したり、あるいはどうしても発生しうる不利益に対しては住民側が補償を求める等、双方のコミュニケーションを図ることで少数者の意見が埋没しないよう努めている。しかし実際には、事前の調整において、利害者間でどこまで妥協点を見出せるかは不明である。

③成立条件

住民投票制度が実際に運用される制度になるかどうかは、その成立条件によるところが大きい。条件が甘ければ、安易に住民投票が行われ、逆に条件が厳しければ、成立が難しく、結果的に住民の意見が反映されにくい。

日本の住民投票条例とベルリン州やブランデンブルク州の住民投票制度を比較した場合、特に注目すべきは請願に必要な署名数である。日本の住民投票条例では、住民からの提案に必要な署名数は、自治体によって異なるが、おおむねその自治体に住所を有する一八歳以上の住民のうち、三分の一から六分の一という署名数を求めている。他方、ドイツのベルリン州の住民投票制度では、第一段階の州民発案で求められる署名数は二万人、約三五〇万人の人口の約〇・六％である。さらに条件の厳しい第二段階でも、求められる署名数は署名が認められる市民の七％であり、日本の住民投票制度に比べ、ドイツの住民投票制度で求められる署名数はかなり少ないことになる。ただし、ベルリン州でこれまでに提案された二〇件の州民請願のうち、七％の署名数をクリアできたのは四分の一であることに鑑みると、日本の住民投票条例で定められた署名数が、現実可能な数字かどうかは疑

出典：メアー・デモクラティ

問の残るところである。

とはいえ、ドイツの住民投票制度における成立条件も、さらに改善する必要があると考えられている。ＭＤへのヒアリングにおいては、現行の住民投票制度の課題として、住民請願の成立に必要な署名数や投票の成立要件が厳しいため、住民が提出した案が採択されにくいことが挙げられた。ドイツ国内でも地域差があるようだが、特にベルリン州やブランデンブルク州など旧東ドイツの州では、住民請願や住民投票が成立した実績はまだ少ない。そこで、①スイスのように住民投票の絶対得票率に関する条件を撤廃し、投票者の過半数の得票を得た選択肢が住民投票の結果となること（ベルリン州）、②住民請願の署名の収集場所を現行の役所内に限らず、街頭など自由に設定できること（ブランデンブルク州）、③住民請願時に必要な署名数（現行はベルリン州が有権者の七％、ブランデンブルク州が同四％）を引き下げること（両州）の三点についてまず取り組み、住民がより参加しやすい制度に改善していきたいということだった。

④議会の関係

ドイツの住民投票制度において、特に見逃せないのが議会の関わり方である。一般に「住民による意思決定が直接自治に反映されるのであれば、住民の代表である議会は必要ないのではないか」ということになるが、拘束型の住民投票制度を導入しているドイツの住民投票制度は、この問題を考える重要なヒントを与えてくれる。

①ドイツの住民投票制度では、住民がすべてを決められるわけではない。予算や自治体職員の人事など住民投票の対象とならないテーマが、ネガティブリストと呼ばれる項目リストに細かく明記されている。ネガティブリストのテーマを審議・決定する役割は、住民の代表として選出された議員にあり、ドイツにおいては、住民投票はあくまで議会制民主主義を補完するものと位置づけられている。住民が決定するから議会は不要という議論は正確ではない。

②ドイツでは住民の発案が投票に至る前に議会で審議される。一定数の署名を収集してもすぐに投票に至るわけではなく、その発案が自治体の利益や少数者への権利を侵害する恐れがないか等、一度、議会で審議される仕組みになっている。市民からの発案が妥当であると議会に承認されれば、多大な労力をかけて投票を行う必要はない。空港の存続や水道局の民営化に関する情報開示を求める発案では、議会で否決されたために投票へ至ったが、ブランデンブルク州では、風力発電の設置場所について、住民が住宅地域近くへの建設に反対したところ、議会がこの意見を取り入れて電力会社と調整し、建設場所を変更させたという例もある。このように、ドイツの住民投票制度上、議会は住民の発案に対し、より中立的・客観的な立場から、その内容の妥当性を審議修正する重要な役割を担っており、この点が、二者択一という住民投票制度の弱点を補強し

ている。

以上のようにドイツでは、個々の政策等に関する是非または選択肢について住民が直接自らの意思を表明できる住民投票制度と、少数者の意見を埋もれさせることなく、多様な利害を反映した柔軟な解決手法の選択を図る議会制度の各メリットをうまく使い分けながら、地方自治を行っていると考えられる。もちろん、住民投票制度導入の反対派から批判されがちな「議会制民主主義の原則と対立するゆえに正統性をもちえない」、「住民の判断は議会や行政の決定よりも非合理的、利己的になり妥当性に欠ける」という問題がまったくないとは考え難いが、これらは裏を返せば「主権者の意見を直接反映すること、および行政や議会が試みないような大胆な政策転換やイノベーションを生みだす可能性があること」という利点にもなる（村上弘「スイスの住民投票――直接民主制と間接民主制との共鳴？――」『立命館法学』一九九六年第六号）。

住民投票では、市民によって提起された提案について、市民のＹｅｓかＮｏの選択が自治体としての意思決定や方向性を決めるが、投票に至るプロセス中、そして決定後においても、議会で提案の内容を継続的・具体的に熟議することで、住民と議会の「対立」ではなく、「対話」による議会制民主主義の発展が望めるのではないだろうか。

3　社会都市プログラム

(1) 社会都市プログラムの概要

① 社会都市プログラムとは

社会都市プログラム（Soziale Stadt）とは、ドイツが国家規模で取り組んでいる地域再生プログラムである。ドイツでは、一九九〇年代に入り、東西ドイツ統一や移民問題、少子高齢化などにより、地域経済の格差・衰退問題が顕著になった。それらを受けて、一九九九年に連邦政府により創設されたのが、この社会都市プログラムである。

このプログラムは、空き家の増加、インフラの貧弱さ、若年層の雇用問題・貧困等、さまざまな問題を抱えた衰退地域を行政が選定するところから始まる。これにより要改善と判断された地域は、連邦、州、市の行政と、地元企業、地域コミュニティなどの住民の連携によるてこ入れが行われるのである。

行政がインフラを整えても、住民の失業等による生活苦や移民に対する偏見等の住民同士が抱える感情的な問題までは解決できない。つまり、社会都市プログラムは、官・産・民が一体となって、ハード面のみならずソフト面での問題改善も試みるところが特徴である。住民の参加、協働が中核となるプログラムと言える。

社会都市プログラムの予算は、実施地域により異なるが、ベルリン州の場合は、連邦、州、各地域が予算のおよそ三分の一ずつを負担し、その財源の一部はEUからも交付されている。予算規模で見ると、一九九九年から二〇〇九年までベルリン州全体で三九万人を対象に、一・八四億ユーロ（約一九二億円）のプログラム関連費用が計上されている。参考までに、人口約八〇〇〇人のベルリン州マグデブルガー広場地区においては、現在までに三五〇万ユーロ（約三・六六億円）が行政から支出されている。予算の執行状況については州のゼナート（Senat）と呼ばれる監督庁が監査を行っている。

このプログラムの最終的な目標は、金銭的な行政支援がなくとも、地域が自立して地域運営を図っていけるようになることである（現に連邦政府は、将来的な補助金の打ち切りを表明している）。住民力・地域コミュニティの強化が求められているのは、日本に限った話ではない。

②地区マネジメント

社会都市プログラムの中核をなすのが、地区マネジメント制度（Quartiersmanagement 以下、「QM」と略す）である。地域の年代別人口、人口・世帯減少数、公的扶助受給者数、空き家数等をもとに市が選定し、州政府が決定した衰退地域（Quartier・地区）に、てこ入れする（management）のがQMである。

社会都市プログラム自体は、連邦政府主導による全国的なトップダウン型の施策であるが、その根幹をなすQMは、住民の積極的な発議や参加があって初めて成り立つボトムアップ型のプログラムである。そのため、地域の声が十分に反映されることが必要で、地域住民や企業が集まって検討する協議の場が用意されている。そこでは利害関係者双方の意見や、専門家の見解が聞かれるよう配慮されている。

QMでは、その地域に派遣されるマネージャーが大きな役割を担う。マネージャーは、コーディネーターとして、地域住民の意見集約や施策実施にあたって行政とのパイプ役や企画調整を行う。このマネージャーは、連邦政府の都市開発局によって任命されるが、地域の事情に詳しく、住民の信頼を集められ、調整能力に長けた人物であることが望ましい。ベルリン州では行政の出資で委託された民間団体の職員がその役を担っているが、州によっては行政職員や大規模団地を建設する住宅企業の社員などが務める場合もある。

マネージャーは、スケジュールの管理や専門家の選定、行政への報告書作成等を行うが、議論自体の進行や指導は行わないのが特徴である。住民が自ら一定の結論を出すことが期待されているからである。地区によっては、多様な参加者を確保するため、プラーヌンクスツェレ（Planungszelle）による市民参加を行っているところもある。

この行政への報告書は、市民鑑定書（Bürgergutachten）と呼ばれるもので、毎年、作成が義務づけられている。報告書には具体的な協議内容だけでなく、実行にかかる必要経費、見込まれる効果なども記載される。行政は、この報告書に基づいて地域の都市開発を進めることになる。市民鑑定に法的拘束力はないが、地域の実情を反映していることから、尊重されている。

一九九九年時点では、一六一地区で行われていたＱＭが、二〇一〇年現在では、六〇三地区に拡大されている。

③社会都市プログラムの効果と課題

社会都市プログラムは、犯罪の予防、教育問題の改善、地域間格差や偏見の解消、地域ネットワークの強化、住民の参加意欲の増進といった面で、一定の成果が出ていると評価されていて、それはプログラムの実施地区数の増加にも表れている。

他方、社会都市プログラムは、財政難を理由に補助金の打ち切り等が検討されている。一〇年経っても結果が出せていない地区があり、このプログラムそのものへの疑問もある（逆に、成否の判断に一〇年ではまだ短すぎるという意見もある）。補助金の原資はＱＭ対象地区外の納税者から拠出されているが、客観的な評価システムが確立されていないことから、このプログラムに対する住民の理解が進まないことも原因となっているようだ。社会都市プログラムは実際のところ、現在も模索段階にあるようである。

次に、ベルリン州で実施されている社会都市プログラムの具体例として二地域のQMについて見てみよう。

ヘラースドルフプロムナード地区の外観

(2) 社会都市プログラムの実施例

①ヘラースドルフプロムナードの概要

マルツァーン＝ヘラースドルフ区は、ベルリン州北東部に位置する行政区で、約二五万人の人口を擁する旧東ドイツに属する地域である。ヘラースドルフプロムナード地区は、区内に三箇所あるQM指定地区の一つであり、この地区内の人口は一万人弱である。

第二次世界大戦後の東ドイツでは、ロシアやポーランドから引き揚げてきた人々への住宅確保が必要とされ、また、戦後の経済活動復興のために工場を建設し、労働者の住宅を確保する必要があった。このため、一九九〇年までに全住民に住宅を供給するという国の政策のもと、ベルリン州郊外に広大な土地を有していたこの地区に、短期間で効率的に建てられるプレハブ住宅が建設された結果、ドイツ最大の集合住宅地区となった。また、地区の集会所や共同診療所、教育機関、ショッピングセンターなどが併設され、バスやトラム（路面電車）といった交通網も整備された。

集合住宅の建設当時は、近代的な住居とベルリン中心部への交通アクセスの良さから人気を集め、多様な階層の人が混在して暮らしていた。しかし、「ベルリンの壁」の崩壊後、それまで満足して暮らしていた階層が流出していくようになり、現在では地域社会の衰退やコミュニティの崩壊、失業者の増加が問題となっている。

また、時代を経て市民の年齢層が変化し、かつては必要とされた学校や託児所が少子化により不要となるなど、住環境が市民の生活実態にそぐわなくなってきている。施設が不要になり空き地となった場所については、どのように活用していくかが課題である。

②QMの運用成果

(ア)カラフルな家

地区でのプログラムの運用事例として、「カラフルな家」を紹介しよう。

カラフルな家は、〇歳から一二歳までの子どもとその親を対象とした施設で、空いた時間に施設を訪れた子どもや親が、ここで遊んだり趣味を楽しんだりしている。

スタッフとして、所長を含めた二名の専従員がいて、利用者の施設利用は無料である。訪問時に利用者に提供されていた軽食も無料で、食材は地元のスーパーマーケットやパン屋からの提供や寄附金でまかなっており、無償提供の運営は地域市民の自助努力による部分も大きい。

「カラフルな家」内の様子

施設では、子ども服の古着を集めてリサイクルを行っており、低所得者層の助けにもなっている。そのほか、ジョブセンターから手当を受けている失業者が約一五名、交通費程度の賃金で働いており、ここでの就業体験が就労への足掛かりになっている様子であった。

従来から地区内に子どもや青少年向けの施設はあったが、家族向けの施設はなかったため、このカラフルな家をつくったところ好評だったとのことである。施設利用者にはシングルマザーが多く、子どもとその親の居場所づくりとして成果を上げているほか、この施設が地域のネットワーク形成も担っている。

(イ)集合住宅の改装

建設当初は人気を博した集合住宅も今日では老朽化し、ベルリンの壁崩壊後の人口流出もあって空き家が目立っている。また、住宅が密集して建設されたため、現在では入居需要に対し供給過多となり、地価が低くとどまっている。こうした状況から、地域住民の住環境への満足度を高めようと、住宅の外壁が美しく塗装されたり、面白い壁画が描かれたりと、アートとも呼べるさまざまな改装が施されている。これは、地域住民の満足度向上のほか、集合住宅への入居を促進する目的で住宅供給会社が実施してきたものだが、外壁の改装だけで住居内部の機能は従来のままであるため、入居の需要を高めるまでには至っていない。しかし地域市民の暮らしの満足度を上げるという点で一定の効果を上げている。

③南ティーアガルテン・マグデブルガー広場地区の概要

南ティーアガルテン・マグデブルガー広場地区（以下、「マグデブルガー広場地区」と略す）は、ベルリン州の中心であるミッテ区の南に位置する。ミッテ区は人口約三三万六〇〇〇人、かつて「ベルリンの壁」のあった、旧東西ドイツの境目に位置する。

マグデブルガー広場地区は旧西ベルリン州に属していたが、一九九〇年の東西ドイツ統一で大きく状況が変化した。インフラをはじめとする旧東西ドイツの格差を埋めるため、区の予算の多くが旧東地域に流れてしまったのである。旧東地域に次々と近代的な施設が建築される一方で、この地区では改修や修復工事といった公共投資ができない状況になり、購買力のある人々は他の地域へ転居し、次第に公的扶助を必要とする人々、社会的弱者の人々が多く集まる地域となってしまった。

ファミリーガーデン

この社会的弱者には外国人を多く含む。この地域は人口八五〇〇〇人のうち五六%がドイツ国外から来た移民である（このうち半数はすでにドイツ国籍を取得している）。これはドイツ全土で問題となっていることでもあるが、外国人は言語、宗教、文化などの相違からドイツの生活習慣に馴染みにくく、孤立しがちである。教育を受ける機会を失ってしまった結果低収入となる者は多く、犯罪につながることもある。

このような状況を改善するため、州は一九九九年、ＱＭをこの地域に対して導入し、生活環境の改善に乗り出した。

④ＱＭの運用成果

(ア)児童図書館

教育施設としてこの地区を代表するものの一つにカフェ併設の児童図書館がある。この図書館は、東西ドイツ統一による影響から運営が危ぶまれ一時閉鎖の話が出ていたが、市民の提案でカフェを併設し、その収益で運営を継続することとなった。ドイツの図書館は基本的に有料だが、ここでは無料で本を借りることができる。子どもへの教育の場の提供だけでなく、カフェの運営は雇用機会の創出にもなっている。

(イ)ファミリーガーデン

市民の行政への関心を喚起し、自主的な参加を促進する機会として大きなものは、公的な討議会よりもむしろイベント事業であるという。住民同士のネットワークを強化することが、地域の持続的な運営につながる。

この地区でもスポーツプログラムや音楽の演奏会イベント、地元の祭りなど地域住民の交流を図るさまざまな催しが行われているが、ここではクルック通りのファミリーガーデンを紹介したい。ここは共同の家庭菜園場になっており、住民が好きな植物を植えることができる。住民の交流の場であるだけでなく、移民の人々は、母国の花などを植えることで憩いの場としている。住民の企画発案でつくられた庭であるので、行政が管理をしなくても愛着を持った住民が自発的に保全のため尽力するという。このように一見しただけでは分からない住民の心の変化もＱＭの成果と言えるだろう。

(3) 社会都市プログラムから学ぶこと（熟議型市民参加と自立的・持続的なコミュニティ形成）

「住民だって馬鹿じゃない。地域のことを一番分かっているのは地域の人間だ。お役人さんも一度住民と同じテーブルで議論してみるといい」。地区マネージャーの言葉であるが、その理屈はもっともである。

地域住民同士で熟議することは、住民の納得につながる。ＱＭにおける討議の場には専門家もいるので、討議の参加者は自分たちの地域の問題点（時として美点）が何であるかを、意見の交換によって再確認できる。また同時に、予算的、技術的な理由から、行政にも可能・不可能なことがあることを学ぶことができる。理想や理論だけでは行政運営はできない。この「学び」は住民の自治意識レベルを高めるものであり、行政への信頼にもつながっていく。そして、この議論の結果が地域の暮らしの向上に反映され、地域住民のネットワークが構築され相互扶助が実現するといった成功体験が、さらなる「市民参加」につながっていく。住民自らが討議することで地域が民主的に運営される社会都市プログラムは、日本でも大いに参考になるだろう。

日本で社会都市プログラムを導入する場合は、地域をよく知る自治体職員がマネージャーの役を担う形で、(a)向こう一〇年程度の計画で、(b)数年単位で計画や目標を見直しながら、(c)重点課題を掲げ、(d)指導要領を作成し、(e)定期的に住民との話し合いの場を持って「市民参加」を促し、(f)定期的に他の地区(たとえば近隣市町村)との情報交換を行う、といったプロセスを真似てはどうだろうか。またその際には、成果として具体的な数字に表れる評価指標をつくることも重要である。指標によって地域住民が客観的に自らの地域を見つめ直し、その強みあるいは弱みに気づくこととなり、主体的に地域の活性化を考えるようになるだろう。

このような仕組みが確立されると、それが地域住民の能動的な意思に基づくものであるため、地域基盤の強化・活性化の好循環を生み出すこととなろう。具体的には、地域住民が自ら住みやすい地域をつくり出そうとする積極性が醸成され、住民間のコミュニケーションが活発になることで、地域のネットワークの基盤がより強固となり、さらなる「市民参加」が促されることが予想される。ここに社会都市プログラムが目指す一つの理想型があるのではないか。ドイツの社会都市プログラムは、主に衰退地域を対象としたものであったが、それ以外の地域でも十分に適用可能な汎用性を備えている。地域再生・活性化が喫緊の課題とされる日本においても、その可能性に大いに期待が寄せられる。

4 未来工房

(1) 未来工房とは

未来工房は、ドイツ語の Zukunftswerkstatt を直訳したもので、なかなか魅力的な名称である。それゆえ、その内容にも興味を引かれるところであるが、本章では、実際の事例も見ながら、Zukunftswerkstatt（以下、「ZW」と略す）の概要を紹介しよう。

① ZWの名称

まず、このZWという名称であるが、これは「未来の、将来の、今後の」を意味する zukunfts と「ワークショップ、工房」の werkstatt を合わせた言葉である。日本ではこれをそのまま訳して、「未来工房」と紹介されるが、これでは言葉たらずで誤解を招きやすい。やや説明調になるが、「未来志向のワークショップ」くらいが一番素直な訳であろう。つまり、未来工房は、ワークショップの一手法であるということを理解しておく必要がある。

② ZWの理論

ＺＷの理論は、考案者の一人であるベルリン州出身のロベルト・ユング博士の紹介をすることでその理解が進むだろう。彼は戦後の広島に滞在し、原爆による惨状を目の当たりにすることになるが、そこでの経験から、私たちが所属する社会の将来については、基本的には政治家や専門家に委ねるとしても、それだけでは十分ではなく、市民自身も自らが描く理想を実現していく手法を身につける必要があると考えるに至った。つまり、社会の仕組みが選挙制度を基本とした間接民主制を採用する中にあって、市民一人ひとりが直接的に社会の課題にアプローチする手法が必要であると早くから感じ取っていたのである。ＺＷはワークショップの一手法にすぎないが、実は市民による社会変革をも視野に入れた壮大な理念として考案されている。

このＺＷの理論であるが、大きく以下の四つに整理される。

- 社会実験装置――現状を変えていくための計画を開発する装置であること
- 直接的な社会参加――市民自身による決定やプロジェクトの実施であること
- 立ち位置の確認――政治の役割など社会の仕組みを理解し、現実的に自分たちができることを確認すること
- 市民の学習――共同作業を通じて、総合的に物事を捉える思考を身につけること

ここからも分かるように、この手法は、提案内容の検討・実現を通して、参加者が学び合い、

それぞれの関係性を重視しながら、自発性を引き出していくことが最も重要なポイントであり、そこから生まれる主体性を伴った実行力こそが、社会への直接的なアプローチを生み出し、よりよい変革につなげていくと考えるのである。

③ＺＷの手法

ＺＷの流れとしては、未来会議と呼ばれるワークショップが設定され、ファシリテーターの進行のもと、以下の四つの段階で進められる。

①準備段階

ＺＷを進める上で必要な準備を行う段階。具体的には、課題や対象者の設定など、ＺＷの基本的な項目を組み立てる。

②批判段階

参加者が現状に不満・苦情を述べていく段階。

③克服段階

理想とする「ファンタジー・ユートピアの世界」について話し合う段階。希望・ファンタジー・夢によって批判を克服する。

④実行段階

ファンタジー・ユートピアの世界の実現のために具体策を考えていく段階。解決策の決定・実行段階である。

このようなプロセスを踏むのは個人の内発的動機に着目しているためで、外から誘導されない自発性に基づく行動の方が、より積極性と責任感を持つと考えられるからである。

なお、この手法には、集団における人々の思考や行動についての学習と実践、瞑想のテクニック、合理的な議論と計画手法など、特有の技術が内包されているのが特徴である。また、提案されたプロジェクトが地域全体の変革を期待していることを考えると、より多くの市民に検討段階からの情報を提供していくことが不可欠で、すべてのプロセスはオープンであることが重要視されていることも特徴である。

④ZWの運営

ZWを進めるにあたり、まずは課題設定が重要となってくる。ZWは、社会問題や環境問題に多く利用されているが、医療、建築、心理的な問題にも適用でき、活用の幅は広い。ただし、実際には、日本で言う小・中学校区程度の比較的小さな範囲の課題に対して取り組まれることが多いので、実施主体はコミュニティや地方自治体が多いのが特徴である。

ZWの対象者は、設定課題の利害関係者ということになるが、現実には保育園児から高齢者まで幅広い参加者があり、特に子どもや青少年に適しているようである。ただし、効果的な運営のため、参加者は一五人から二〇人くらいが理想的とされる（上限は二五人程度）。

ZWの運営は、この手法の理論や技術に精通した者でなくてはならず、適切な訓練を受けたファシリテーターのサポートが必要とされる。このファシリテーターは、参加者の創造性を促進するため、想像力と批判、直感と合理性、議論と瞑想など相反する操作を巧みに組み合わせていく。

⑤ZWの効果

ZWには、以下のような効果が期待できるとされる。

① 年齢、人生経験、階層など、境遇の違う市民間での対話が可能
② 一個人として参加するため、よりパーソナルな部分に踏み込んだ相互理解が促進される
③ 問題点に対する詳細な議論が可能
④ 政治の役割を学び、市民が直接社会にアプローチする方法を学ぶ機会となる
⑤ 議論を通して参加者のコンセンサスを導くことができる
⑥ 実行に向け、参加者の主体的な関わりを引き出せる
⑦ プロセスから関わっているので、モチベーションの高いグループが創出される
⑧ 新しい視点や機会が発生する

⑨　予想もできない新たな解決策が見出される可能性がある

(2) 未来工房の事例

①グロピウス地区

ZWは、既存の方法だけではうまくいかない場合に効力を発揮する手法で、社会都市プログラムの中で使われるケースが多い。ここでは、ベルリン州ノイケルン区グロピウス地区の事例から、ZWがどのような使われ方をしているのか見てみたい。

ノイケルン区は、ベルリン州の東南部に位置し、人口約三〇万人のうち約七万人がトルコや中東からの移民で、その大半はイスラム教徒である。二〇〇六年、生徒の八五%が移民であるリュトリ基幹学校において校内暴力が多発し、教員たちからベルリン州へ「廃校を求める嘆願書」が出されたことはよく知られている。このノイケルン区では、一一の地域が、社会都市プログラムの対象地域に指定されている。これは、ベルリン州の中で最も多い。

その中の一つグロピウス地区は、人口約三万六〇〇〇人で、大規模な団地で暮らす人々が多い。グロピウシュタッドと言われる団地一帯は、一九七〇年代に開発され、八〇年代までは魅力的な地区として人気があった。しかし、その後、富裕層がブランデンブルク州など郊外へ流出するとともに高齢化が課題となっており、近年では旧ソ連諸国やトルコからの移民、中でも小さな子どもを抱える家族が多く移り住むことにより、言語・教育・健康面において様々な課題を抱えている。失業率も高く、ドイツ語を母国語に持たない住民の六〇%が公的扶助に依存した生活を送っている。犯罪の多発など貧困に起因するさまざまな問題を抱える中、二〇〇五年より社会都市プ

グロピウス地区の概要

所　属	ベルリン州ノイケルン区
旧エリア	旧西ドイツ
面　積	2.66平方キロメートル
人　口	約3万6000人(2011.12.31)
歴　史	1962年　大規模な計画都市整備(～1975) 1986年　大規模な投資 1990年　東西ドイツの統一 以降，富裕層の流出と貧困層の流入(特に外国人) 2005年　社会都市プログラム(QM)にノミネート

グロピウス地区の位置

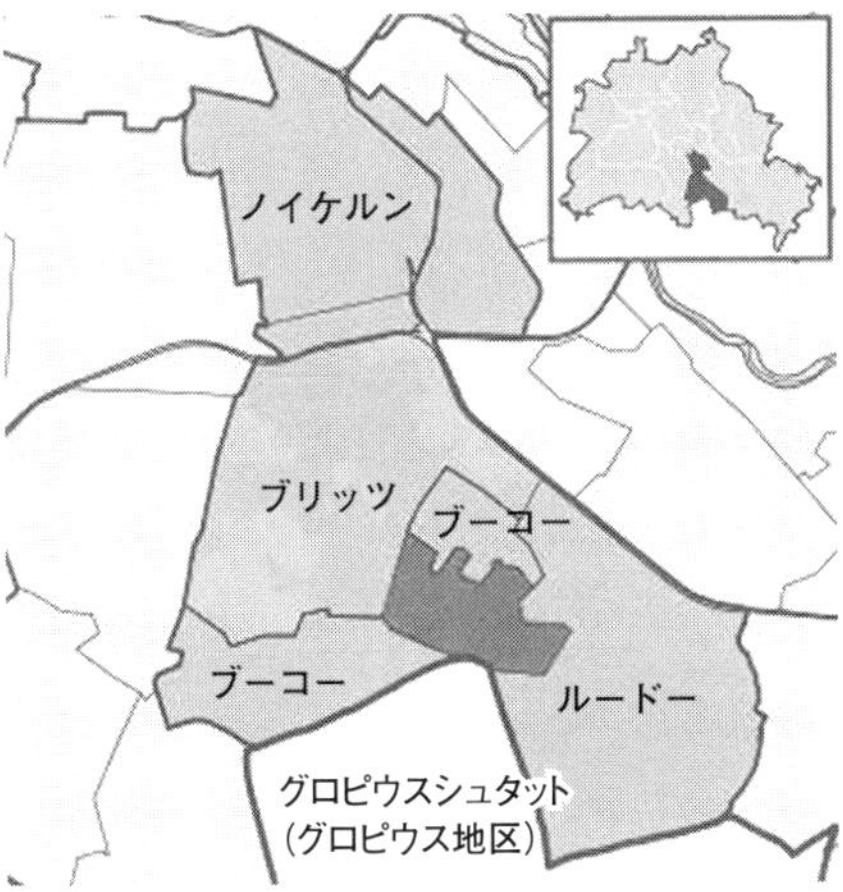

ログラムの対象地域に指定され、さまざまな取り組みが行われている。

グロピウス地区における社会都市プログラムは、非営利の民間団体によってマネジメントされており、この地域の優先的目標は、「地域の統合」と「教育」とされている。ここでは、教育へのアプローチとして、保育所や小学校との連携で言語能力やパソコンなどスキルの獲得に取り組むとともに、青少年の非行問題が絶えない状況下で、子どもたちの自尊感情を育むことを重視し、ZWの手法を用いた「子ども会議（ワークショップ）」を開催している。

グロピウス地区の外観

以上の背景から、グロピウス地区のZWがどのように運営されていたのかについて順を追って紹介していきたい。

②ZWの実際

(ア)準備段階

第一段階である準備段階であるが、まず、グロピウス地区における課題や対象者の特定を行うことになる。この事例では、ノイケルン区（グロピウス）児童館での取り組みを紹介するが、このケースは対象者が地域の子どもたちと特定されているので、それを前提に課題設定を行うという手順となる。

準備段階でのポイントとしては、

(1) 利害関係者を特定する
(2) 問題の背景を把握する
(3) ＺＷを実施するエリアを特定する

子ども会議の周知パンフレット

(4) 実施期間の設定を行う（通常二～三日が有用）
(5) 適切な施設を確保する
(6) 必要な材料の準備を行う（大きい用紙、Ａ４の色紙、クレヨン、粘着テープなど）
(7) タイミング、雰囲気づくりをどのように行っていくのか検討する

(イ) 批判段階

次に、第二段階である批判段階であるが、子

どもたちの身近な問題として、「ビール瓶の転がっていない地域にするためには」、「虐待のない社会をつくるためにはどうすればよいか」を挙げ、現状への不満をぶつけ合う。

批判段階でのポイントとしては、

(1) 参加者が出す批判的な意見から問題点を明確にする（議論を拡張し問題点の洗い出しを行う）

(2) 気分転換（瞑想など）を行った後、結果の関連づけを行う（結果を壁に貼り出すが評価の議論はしない）

(3) 必要不可欠な問題と批判を特定する

(4) 結論を誘導する（特定した問題に優先順位をつける）

(ウ)克服段階

第三段階である克服段階では、出された批判の対比として、子どもたちの夢である「映画スターになるにはどうすればよいか」などについて、子どもたちの言葉で話し合いが進められる。

克服段階でのポイントとして、

(1) グループの共同作業で肯定的な目標を設定する（「それは不可能だ」という発言は禁止）

(2) 想像力を刺激する環境や手法を導入する（適切な音楽、さまざまな照明、ゲームの実施、スライドや映画の上映、フェイスペイントなど）

(3) 遊び心や直感的な技法の後に、合理的・抽象的方法を取り入れる（例：瞑想・ファンタジーの後、純粋な言語のブレーンストーミングを行う）
(4) 三人～五人の小グループで実施する
(5) グループごとに発表を行う

児童館に設置に設置されている撮影・編集機器

発表内容を補完するとともに、望ましさと革新性の観点で評価し分類する。

(エ)実行段階

最後に、第四段階である実行段階では、児童館に撮影、編集機器を備え、実際に子どもたちによる映画づくりが行われる。

実行段階でのポイントとして、

(1) 重要と思われる創造的なアイデアを実現するための配慮を加えていく
(2) 長所と短所を抽出し解決策を提示する
(3) アイデアのランクづけを行う

(4) グループで計画作業を行い、スケジュールを作成する。場合によっては司会者が暫定版の設計を行う
(5) このプロジェクトへの個々の参加を募る
(6) プロジェクトを継続的実施する

以上のプロセスを通して、子どもたちがモチベーションを持って活動し、それをまわりの大人たちが応援していくことで、良い影響も出始めている。実際に、プロジェクトの責任者であるボンネ氏や館長のミハエル氏は、このような取り組みを始める六年前と今の違いについて、「子どもや若者が積極的に活動に参加するようになったこと」を挙げるとともに、「大人が職場で上手くいかないなどのストレスをぶつけ合っているこの地区において、本当に必要なのは未来への希望。この場所、そして取り組みがあることで、子どもだけでなく親も社会とつながることによって反社会的デモを起こさなくなる」と語っている。このように、地域の中に「学び合い」、「つながり合う」場所を創出することそのものが、明るい未来への架け橋になっていると実感した事例である。

(3)未来工房の有効性

①ZWの有効性

この手法は、グロピウス地区のように、負のスパイラルに陥っている「特に希望が必要な地区」においては、非常に効果的な手法と言える。そのような地区では、すでに大人がその地域の課題解決を諦めている場合や無関心である場合が多いが、そこに住む子どもたちが不満を述べるところから始まり、未来を語りながら主体的に取り組みを始めることで、大人たちの関心や取り組みを引き出すことができるからである。その動きに対応して、行政が予算の確保をするなど、地域を良くしていこうとする思いが伝われば、地域の人々のモチベーションは高まり、地域をより良い方向に変革していくきっかけとなる。

こうした「特に希望が必要な地区」以外でもZWは有効である。これまでの課題解決方法は、問題点を洗い出して限られた担当者がその課題に対応していくものであったが、ZWの魅力は、「みんなで未来を考える」という発想である。この手法は、組織を超えたさまざまな利害関係者が未来志向で、対話を行いながら、自発性や連携性を基本に自らが課題解決に向けた取り組みを行うものである。地域のつながりが希薄化していく中、地域課題に対して、その地域の利害関係者が、いかに協働して取り組んでいけるかが重要な課題となっているが、地域の主体性やモチベーションを引き出すこのＺＷの手法は参考となる。

②類似の取り組みについて

同様の考え方で実施している取り組みとして、後発であるが「フューチャーセンター」という手法がある。「フューチャーセンター」とは、企業や自治体などの組織が中長期的な課題の解決を目指し、さまざまな関係者を幅広く集め、対話を通じて新たなアイデアや問題の解決手段を見つけ出し、相互協力のもとで実践するために設定する「場」であり、また、それを実施する施設を指す。これもヨーロッパからビジネスの分野で広がってきた考え方であるが、ＺＷと同様、近年の日本の協働の考え方にもつながるものがある。

実は、この考え方は、もともとは企業の変革というところから考案された手法ではあるが、社会の変革にも適した考え方だということで、一部の自治体などがこの考え方を採用し始めている。具体的に「フューチャーセンター」には、ＺＷで言う「批判段階」という段階は存在しないが、その後の段階については、多様な参加者が「共同」作業を通して「学び」、「対話」を重ねながら「関係性」を築き、「創造性」を発揮して新たなアイデアを創出し、「内発性」をもって自ら実行していくというこの手法のねらい、そしてプロセスが、ＺＷのものと見事に一致している。

5　市民予算

(1) 市民予算とは

市民予算は、参加型予算とも言われ、一般に義務的な経費を除いた自治体の予算の使い道に住民の意見を反映させる仕組みである。

市民予算は、一九八九年にブラジルのポルトアレグレ市（人口約一四〇万人）で始められた。予算編成という政策決定プロセスに一般住民が参加することで、市財政の透明性を高め、財政難が現状を認識され、効果的に事業を進めたいという背景があった。

ポルトアレグレ市で実施された市民予算では、市内を一六の地域に分け、誰でも参加できる総会が設けられ、住民は、地域ごとに予算支出の優先順位を決めていく。この地域ごとの総会とは別に、各地域の代表者によるテーマ別フォーラムも五つ設けられている。この一六の地域総会と五つのテーマ別フォーラムの中から二人ずつ選ばれた合計四二人の評議員が、予算評議会において住民たちから提案されたプロジェクトの優先順位を議論し、予算案の詳細を決めていく。その後、予算評議会で作成された予算案は、最終的には市議会で議論され、予算が確定する。このプロセスは一年をかけて行われるが、地域で選ばれた代表者が議論の中で互いの利害調整を行うという点がポイントである。

この市民予算の導入により、ポルトアレグレ市では、最初の七年間で、水道を利用できる世帯の割合は八〇％から九八％へと上昇し、衛生設備を利用できる人口の割合は四六％から八五％へとほぼ倍増する等（「人間開発報告書二〇〇二――ガバナンスと人間開発――」国連開発計画、二〇〇二年、四ページ）、とりわけ貧困層居住地区の生活状況改善に大きな効果を上げたことから、世界の注目を集め、現在、ヨーロッパなどでも広がりを見せている。日本においても、自治体の予算編成過程に住民が直接的に参加できる仕組みとして注目されている。

(2)ドイツにおける運用

限られた財源で必要な公共サービスを提供するには、住民ニーズを的確に把握して住民に理解と協力を求め、信頼関係を築いた上でまちづくりを行う必要がある。的確に住民ニーズが把握できなければ、住民が求めるものとは違う施策や住民には使いにくい施設ができ上がり、「お荷物な施策や施設」となる悲劇が起こる。そのうち住民は、行政への不信感を強め、政治にも興味を持たなくなってしまう。

そのため、ドイツでは、プラン作成の早期の段階から住民の意見を取り入れ、住民をより主体的にまちづくりに関わる参加者とすることで、住民満足度の高い施策や施設をつくろうとしている。

ドイツにおける市民予算の具体的な運用例として、ブランデンブルク州エーバースヴァルデ市とベルリン州リヒテンベルク区の実際を見てみよう。

マーケットが開かれている広場　正面の建物がエーバースヴァルデ市庁舎

①エーバースヴァルデ市の市民予算

エーバースヴァルデ市は、ベルリン州の北東約四五㎞に位置する人口約四万一〇〇〇人、面積九三・五㎢の緑豊かな地方都市である。

旧東ドイツの地域に属し、東西ドイツ統一により産業が停滞したため、失業者が増加するなどの課題を抱えている。財政難に伴い、限られた財源でより効率的で効果的に公共サービスを提供する必要に迫られ、市の予算の使い方が住民の考えと合致しているかを確かめるために市民予算の手法を取り入れている。

図５　エーバースヴァルデ市における市民予算の流れ
(2012 年度予算について)

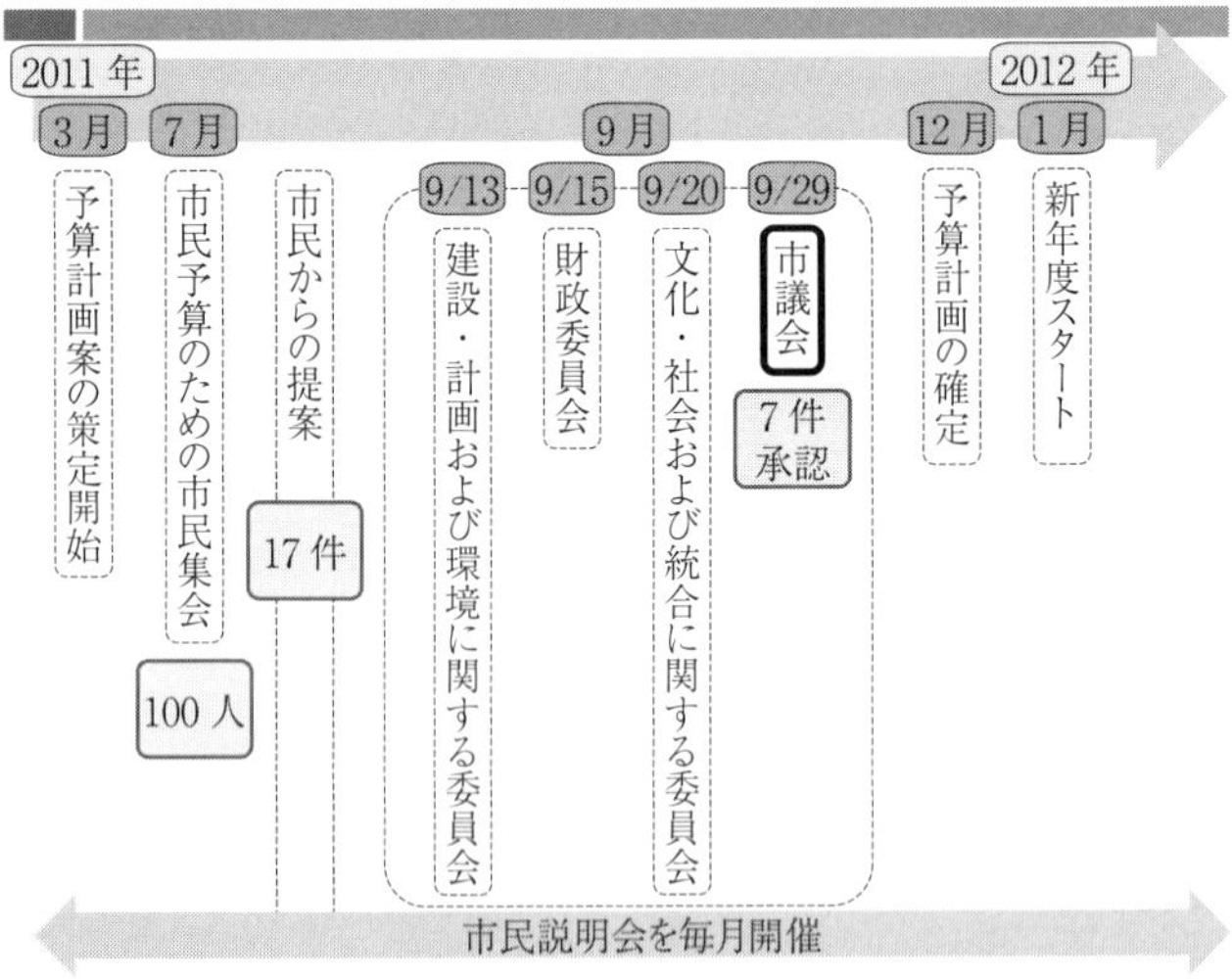

エーバースヴァルデ市での具体的な市民予算の流れは、**フロー図５**の通りである。

一月から一二月までが年度で、二〇一二年度については、二〇一一年三月から予算計画案の策定を開始する。そして、七月には市民予算のための市民集会が市内の八つの地区で開催される。この際には、市の担当者から予算計画案の内容が説明される。

この予算の使い道については、住民からの提案を一年中受け付けている。住民であれば、国籍や年齢に関係なく提案でき、二〇一一年は、一七件の提案が出された。

出された提案は、九月に、担当部署の見解とともに市議会議員で構成される委員会に送られ、内容に応じた委員会と財政委員会で検討後、委員会での検討結果とともに市議会に上程されて、審議される。二〇一一年は、一七件の提案のうち、七件が承認された。このような過程を経て、一二月に二〇一二年度の予算計画が確定する。

具体的には、それまであった子どもの遊び場が再開発でなくなったため、近くに代わりの遊び場をつくってほしいという提案があり、およそ七万ユーロ（約七三二万円）の支出が決まっている。他方、水浴びやカヌー遊びができる観光地であるフィノー運河へのアクセスを良くすれば観光客が増えるのではないかという提案については、優先順位が低いという理由で承認されなかった。

せっかく住民から提案が出されても、資金不足のために市議会で承認を得られないことが多く、その結果、住民は「提案しても実行されない」と不満を募らせ、市民予算そのものへの関心を低下させている現状であるという。

②ベルリン州リヒテンベルク区市民予算

リヒテンベルク区は、ベルリン州の東に位置する人口約二五万三〇〇〇人、面積五二・二九㎢の特別区である。

旧東ドイツに属し、移民問題などさまざまな課題を抱えている点は、エーバースヴァルデ市と共通している。

市民予算は、ベルリン州では、リヒテンベルク区を含めて八つの区で導入されており、区の中でいち早く市民予算を取り入れたリヒテンベルク区の取り組みは市民予算の成功事例となっている。

リヒテンベルク区は、南北に細長い地形をしており、動物公園が設置されるなど緑豊かな北部地区と、区庁舎が設置され都市として発展している中部地区とでは特徴が違っている。そのため、同じ区の中でも、住民が課題と考えるものも違っている。そこで、地区の特徴を活かしたまちづくりを進める核として、区内を旧来からの地域コミュニティを基礎とした一三のエリアに分けて近隣センター（Stadtteilzentren）を設置した。この近隣センターは、市民予算をはじめとした市民参加を進める重要な役割を担っており、これが市民予算を成功させている要因の一つとなっている。

二〇一三年の市民予算として実施された具体的な流れは**図6**の通りである。

リヒテンベルク区の市民予算では、住民は、区が用意した市民予算枠を活用する一七分野について具体的な事業を提案する。

図6　ベルリン州　リヒテンベルク区における市民予算のながれ（2013年度予算について）

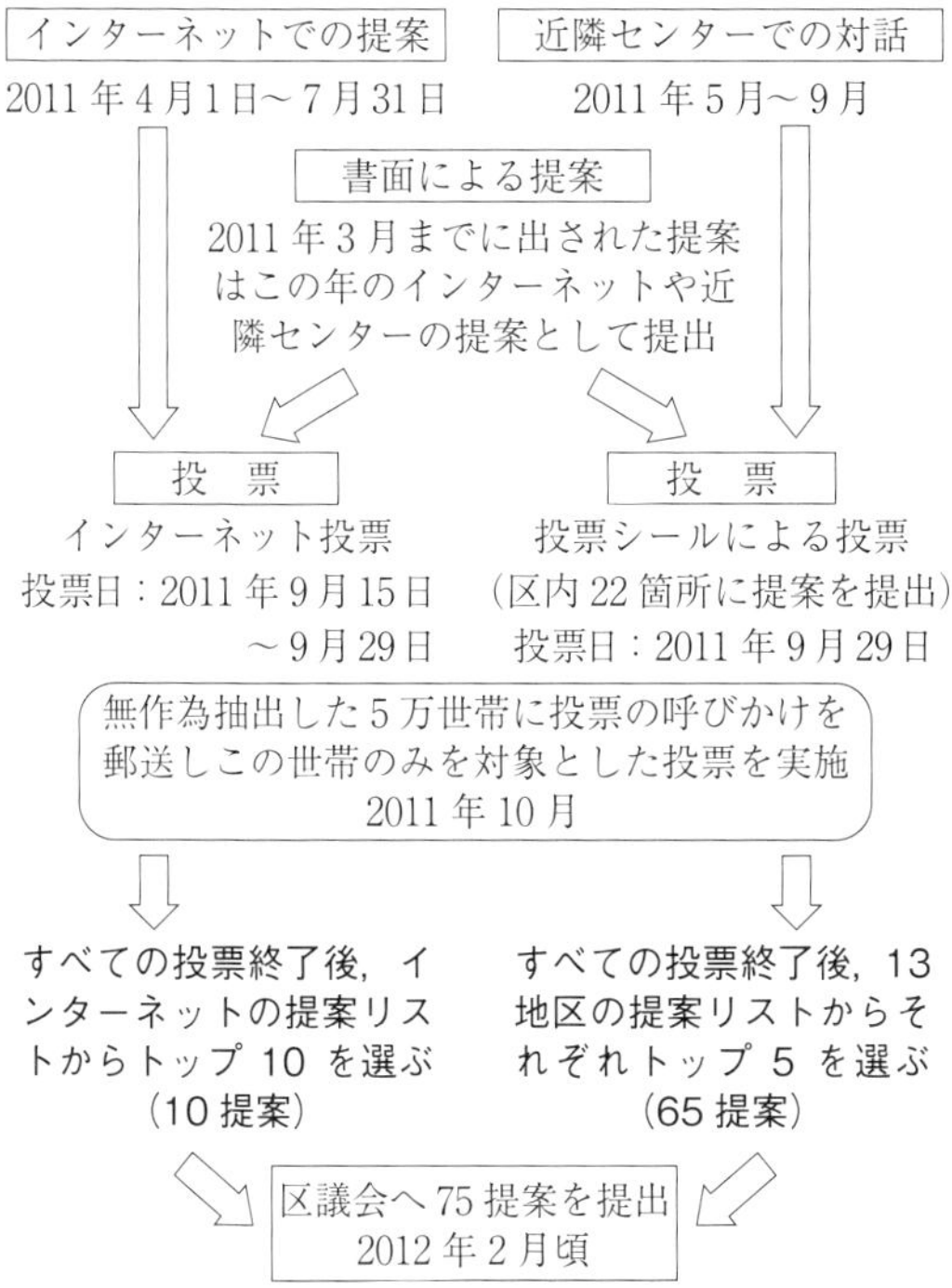
インターネットでの提案
2011年4月1日～7月31日
近隣センターでの対話
2011年5月～9月
書面による提案
2011年3月までに出された提案はこの年のインターネットや近隣センターの提案として提出
投　票
インターネット投票
投票日：2011年9月15日～9月29日
投　票
投票シールによる投票
（区内22箇所に提案を提出）
投票日：2011年9月29日
無作為抽出した5万世帯に投票の呼びかけを郵送しこの世帯のみを対象とした投票を実施
2011年10月
すべての投票終了後，インターネットの提案リストからトップ10を選ぶ
（10提案）
すべての投票終了後，13地区の提案リストからそれぞれトップ5を選ぶ
（65提案）
区議会へ75提案を提出
2012年2月頃

一年間を通じて、「思いついた時に、いつでも」、所定の様式による書面で区の窓口に提案できる。また、近隣センターの集会でディスカッションによって提案を決める方法や区の市民予算のポータルサイトからインターネットで提案する方法もある。住民は、自分の住むまちの道路に植栽をする際に助成金を出してはどうか、べ

図7　リヒテンブルク区における市民予算参加者数と提案数の推移

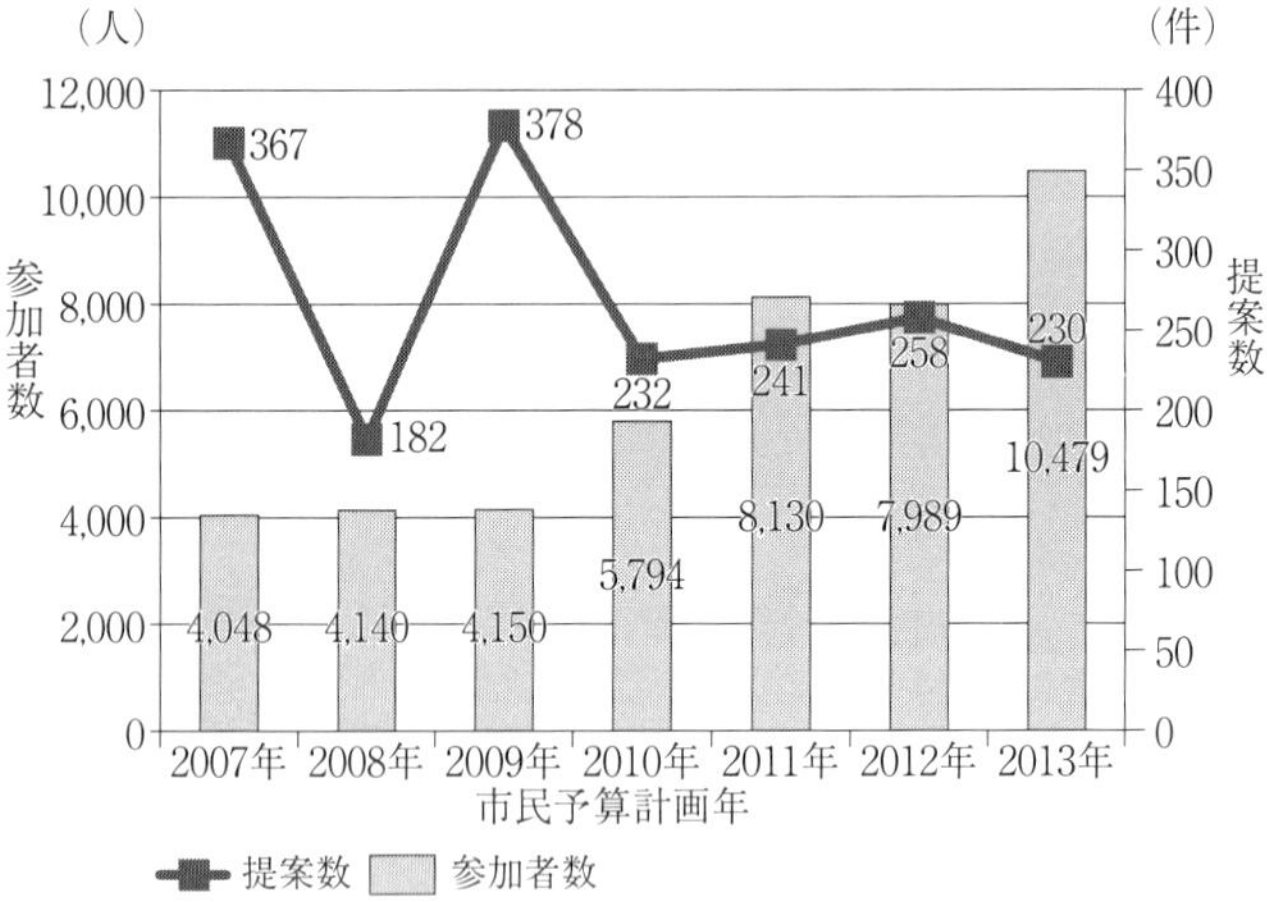

トナムからの移民が多いので図書館にベトナム語の蔵書をしてはどうかなどの提案を出している。

しかし、集められた提案は、すべてが市民予算への提案となるのではない。個人から提案を直接受け付けるので、その提案が個人の利益だけのものなのか、公の利益につながるものなのかを見極めなければいけないからである。そのため、リヒテンベルク区では、提案の優先順位を決める投票を実施している。投票は、インターネットのポータルサイトや駅やスーパーなどの人がたくさん集まる場所に提案の一覧表を掲示し、同意する提案にシールを貼っていくという簡単な手法で実施されており、インターネットからの投票もでき

表3　エーバースヴァルデ市とベルリン州リヒテンベルク区の市民予算の比較

	エーバースヴァルデ市	ベルリン州リヒテンベルク区
共通点	•住民が行政に対して要望を具体的な提案として提出。その提案を行政が取りまとめ，議会へ提出し，議会が予算審議し最終的な予算を決定。 •市や区行政の予算計画を詳細に住民に説明し，自治体における課題を住民と情報共有している。 •住民であれば，国籍や年齢を問わず提案できる。	
概　要	人口約4万1000人，面積93.5㎢，市民予算制度を導入して5年	人口約25万3000人，面積52.29km²，市民予算制度を導入して7年
目　的	①市の財政状況や課題等を学んでもらう。 ②政治に関心をもってもらう。 ③行政のお金の使い方が市民の考えと合致しているかを確かめる。	トップダウンで物事を決めるのではなく，プラン作成のできるだけ早期の段階から住民を取り入れることで区政への関心を高める。
提案方法	8つの地区で住民集会を開催し，市の4カ年の予算計画を説明。書面や電子メールにより，年中提案を受け付ける。	区を13地区に分け市民集会を実施し提案を取りまとめる方法と，インターネットのポータルサイトや文書で直接提案する方法がある。
議会への提出方法	出された提案は，行政の担当部署の意見も踏まえて，市議会議員で構成される委員会で検討される。その後，行政の担当部署の意見と委員会での検討結果とともに市議会に提出される。	出された提案は，行政でいったん集約されたのち，個人的な要望や利益誘導とならないように投票が実施され，住民の同意を得て票がたくさん集まった提案を市民予算として議会へ提出する。
課題など	市民は，「あれもほしい。これもほしい」と言うが，誰も「お金がかかる」とか「節約しよう」とか言う人はいない。市民の学びがなかなか進まない。	毎年，事業の担当者や住民を集め，意見を聞き市民予算制度そのものの課題点を改善している。市民予算自体が進化の途中の制度である。

る。より多くの市民の同意を得られない個人的な要望や公共の利益につながらない提案は、行政が手を加えずとも住民の議論の中で排除される仕組みとなっている。

投票による結果として、インターネット提案から上位一〇提案、近隣センターの集会での提案は、一三地区ごとに上位五提案の六五提案、両方合わせた七五提案が、最終的な市民予算への提案として選定される。提案も投票も、年齢や国籍の制限はなく、誰もが気軽に参加できる。投票でより多くの票を集めた提案が区議会に提出され、実際の区の予算に反映するかどうか審議される。区議会に提出された提案は、九割程度実際の予算として反映されているという。

(3) 熟議型市民参加の手段としての市民予算

市民予算は、税の使い道についての議論に誰もが気軽に参加することで、参加者の裾野を広げ、これまで政治や行政、税の使い道に興味のなかった住民を市政に参加させることができる。

リヒテンベルク区では、プラン作成のできるだけ早期の段階から住民の意見を取り入れることで区政への関心を高めることを市民予算の大きな目的とし、近隣センターを中心とした市民参加の取り組みとして、年々参加者を増やし、成功を収めている。

市民予算では、参加者数や提案数も大切ではあるが、より大切なのは、市民予算として提出する要望を、個人の利益だけを考えた要望ではなく、公共の視点を持った提案としてもらうことである。合意形成を図る過程を経ない直接的な参加では、個人がいかに公共の視点を持てるかが重要になるからである。

そのため、エーバースヴァルデ市、ベルリン州リヒテンベルク区とも、住民との課題共有を熱心に行っている。

エーバースヴァルデ市では、市民予算のための住民集会で、市の予算計画を詳細に説明し、財政難にあえいでいる自治体運営への理解を求めるだけでなく、住民説明会を毎月開催して、市民予算で承認された提案はなぜ承認されたのか、逆に承認されなかった提案はなぜ承認されなかったのかを説明し、厳しい財政状況にあっても実現すべき公共の利益とは何かについて、行政と住民が理解を共有しようと努めている。

リヒテンベルク区では、市民予算で提案を求める一七の分野について、目指す方向や予算額、成果等を詳細に市民予算のパンフレットに記載し、現在の区が抱える課題について行政と住民が理解を共通にするようにしている。

この市民予算への参加を通じて、公共の利益とは何か、公共の利益を実現するためにはどうすべきかを住民自身が考えるきっかけとするとともに、行政側においても、行政が抱える課題を住民に分かりやすく伝え、課題を共有する努力が求められる。

むろん、市民予算も運用の実際では、いくつかの課題もある。

まず住民の関心の低さである。エーバースヴァルデ市では、人口四万一〇〇〇人のうち市民集会に参加したのは、一〇〇人ほどで、全体の約〇・二五％にすぎない。また、住民は、ついつい「あれもほしい。これもほしい」となり、「お金がかかる」とか「節約しよう」という意識にはならず、住民の学びがなかなか進まない現状もある。

市民予算という住民が提案する制度だけを模倣することはたやすいが、住民の要望を反映する過程の中で、住民と行政がともにまちづくりの主体であることを確認するとともに、自治体の限られた財源の中で実現すべき公共の利益とは何かを考えていくことが重要である。この点は、日本に導入する場合、忘れてはいけない点である。

6　プラーヌンクスツェレ

(1) プラーヌンクスツェレとは

①計画細胞？

プラーヌンクスツェレは、日本語では「計画細胞」と訳されている。ドイツ語では、Planungszelle（以下、「PZ」と略す）と表され、英語では Planning Cells と訳されている。計画細胞は、PZの直訳であるが、しかし、これではほとんど意味が分からない。

PZとは、ドイツのペーター・C・ディーネル博士が一九七〇年代に考案した市民参加の手法で、二五人程度の小さな単位（それが細胞）で討議を行うところから、このようにネーミングされている。

考案者のディーネル博士の息子であるベルリン工科大学のハンス・リウガー・ディーネル博士（以下、「ディーネル博士」と略す）に、PZの適訳を尋ねたところ、「Citizens' Jury（市民陪審）」がふさわしいとの意見だった。

市民陪審とは、日本の裁判員制度（法律の専門家でない一般市民の中から無作為抽出で選ばれた裁判員が審理に参加する制度）と同じように、「無作為で抽出された市民が討議に参加し審理をするもの」と考えるとイメージしやすい。

②ＰＺが注目される背景

ドイツでは環境問題等の市民運動が盛んであり、また住民投票制度などの市民参加制度も充実している。

しかし、ＮＩＭＢＹ（「Not In My Back Yard（自分の裏庭には来ないで）」）と言われる市民エゴや、一部の市民による市民参加にうんざりしている市民も多いと言われていている。

行政においても、市民の声を聴かずに決定した計画や施策が、一方的な計画であると批判されて、途中で計画変更や中断を余儀なくされるよりは、政策決定のプロセスに市民参加を取り入れる方が、計画や施策がスムーズに行くのではないかと考えるようになった。

こうした中で、一部の市民の「私益」を求める市民参加ではなく、市民や地域全体の「公益」を提言する仕組みとして、このＰＺが脚光を浴びるようになり、ドイツでは、これまで消費者保護をはじめ環境・教育・都市計画などさまざまな分野で約三〇〇事例のＰＺが行われている。

ディーネル博士によると、ドイツでは、市民参加がブームとなっており、人口一〇万人以上の自治体九八のうち、五五の自治体が市民参加の部署を首長直属のセクションに設け、しかも、五五自治体のうち三五自治体が二〇〇九年以降に設置しているとのことである。

③ＰＺの全体像

ＰＺの実施は、市民からの申し立てなどによって行われるものではなく、ディーネル博士によると、首長や行政、議会が、「市民の関心が高く重要な課題であって、ＰＺによって市民に意見を求めるべき」と決定するところから始まる。

そして、ＰＺの実施機関は、行政主導で討議の結果を出すのではなく、市民が、公平な立場で討議や提言を行えるよう、行政から中立的な立場である大学や研究機関に委託するかたちで実施される。行政から委託された実施機関は、市民から無作為抽出された参加者を集め、実施プログラムに沿って少人数で話し合う場を設け、そこで出された市民の意見を市民鑑定として集約し、行政に提出することになっている。

そして、行政は、市民鑑定の意見を実施しなければならないという法律的な拘束はないが、市民から提出された意見ということで、市民鑑定を尊重し、その意見を取り入れ、行政施策を実施している。

ＰＺに対する議会の反応は、当初冷やかであったが、ＰＺで出される市民鑑定の内容が市民の意見を反映しているものであるとの理解が浸透し、議会も市民鑑定の意見を尊重するようになったとされている。

また、これまでのＰＺの実施分野には、都市計画や交通政策、環境問題など多岐にわたっており、市町村単位だけでなく、州単位でも実施されているが、ＰＺの運営にかかる費用が多額になる傾向にあることから、ドイツでは、「市民参加手法のベンツ」であると言われている。

(2)ドイツにおける運用

①ＰＺの実施について

ＰＺの事前準備段階から、ＰＺの実施、市民鑑定の作成に至るまで、通常五～七カ月必要とされている。ＰＺの基本的な特徴・内容を簡単にまとめると次の通りである。

- 二五人程度の単位で四日間討議を行う。
- 無作為抽出により選ばれた、多様な市民が参加する。
- 参加報酬（有償）により討議に参加する。
- 賛成意見と反対意見の両方の専門家による情報提供を行う。
- 情報提供の後は、五人の小グループに分かれて討議とまとめ（投票）を行う。
- 市民全体・地域全体の公益意識を高める教育的効果がある。

図8　ＰＺ実施の流れ

事前準備（1～2カ月目）		実施段階（3～4カ月目）		市民鑑定の作成（5～7カ月目）
•参加者の無作為抽出 •招待状の送付 •趣旨説明の情報提供	⇒	•ＰＺの実施（4日間16コマで，専門家の説明・質問・小グループ討議・全員で討議まとめを行う）	⇒	•市民鑑定 •報告

•ＰＺで出された結論は、市民鑑定として行政に提出する。

②ＰＺ実施の流れ

(ア)ＰＺの事前準備（一～二カ月目）

●参加者の無作為抽出

ＰＺの実施規模は、一般的には一〇〇人程度が標準とされる。一般的には、社会代表性を確保するために、無作為抽出による参加者の男女比は五〇％ずつがよいとされているが、参加人数が多ければよいというわけではない。

二五人ずつに分けられたグループの参加者は、それぞれ、一コマ九〇分で、一日四コマのプログラムをこなし、四日間トータルで一六コマのプログラムを体験することになる。

無作為抽出の対象年齢は、一六歳以上で上限はなく、住民登録簿などからコンピュータで無作為抽出を行う。最終的には二五人のグループが四つできるよう一〇〇人程度の規模の参加者を決定する。

ただし、予算があれば、最大一五グループできる時もあるそうである。

ＮＥＸＵＳ研究所がベルリン州とブダペストで同じテーマで行った事例によると、無作為抽出された対象者から、ＰＺに参加する市民の割合は、一一・四七％で、テーマによっては参加率が低くなる場合もあるとのことであった。

対象者の抽出方法は、一六歳以上を、ベルリンでは住民登録簿から、ブダペストでは電話帳から無作為抽出した。参加者八五人のうち、最も若い市民は一七歳、高年齢者は七七歳であり、平均年齢は四八・二歳であった。年齢別の割合は、五〇歳代前半・六〇歳代前半、二〇歳代前半が多かった。若者の参加が少ないことが課題となっている日本では、うらやましい限りである。なお、男女の比率はほぼ同数であった（「European Citizens' Consultations」（nexus））。

●情報提供

無作為抽出された対象者には、委託された大学や研究機関から招待状とともに、ＰＺ実施の趣旨を何回か送り、ＰＺ実施の趣旨を丁寧に説明なければならないことになっている。また、ＰＺの実施前には、インターネット等を活用し、十分な情報提供をするなどの配慮を行っている。

●中立・公平なＰＺの運営

依頼者である行政も、行政から委託される大学や研究機関も、ＰＺの実施結果を誘導することなく、中立で公平な実施を行うことが重要である。また、参加者の無作為抽出という原則を変えることがなければ、ＰＺの実施手法の一部を工夫して行ってもよいとされている。

●参加者への報酬

参加者には、報酬（四日分：通常一日八時間）として、一般的に一日五〇ユーロ（約五三〇〇円）から一〇〇ユーロ（約一万五〇〇〇円）が支払われる。これは、ＰＺに参加しなかったなら、本来の仕事で取得する報酬に代わる対価を受け取るものであり、市民が討議に参加することに対して、責任感や積極性を高めるのに効果があると言われている。また、参加者への配慮として、ドイツの教育休暇制度の活用により、実施機関から雇用者に連絡を取り、参加についての理解を求めることも行っている。

(イ)ＰＺの実施段階（三～四カ月目）

●ＰＺの構成

参加者は、あらかじめ詳細に準備されているテーマについて討議し、結果をまとめる。一グループは二五人で、男女一名ずつ計二人の進行スタッフを配置して進行する。通常は、これが四つできるが、最高一五のグループでやるような場合は、二五人×一五グループ＝三七五人で実施されることになる。

●PZの進行

各グループの進行スタッフには、男女計二人がおり、各テーマに賛成と反対の意見を持つ各専門家が、説明と情報提供を行うことになっている。一コマ九〇分のうち、賛成と反対意見の専門家が、説明者として呼ばれ、参加者全員に最初の三〇分間説明を行う。討議ができる情報提供を多くするほど、質の高い闘技や意見、結論が得られるため、情報提供については、多くの時間と労力を費やしている。

そして、専門家による情報提供の後に、二五人を五人の小グループに分け、三五分間のグループ討議を行い、意見をまとめていく。ここでの討議には、進行スタッフが入らず、参加者のみで討議を行う。

実施機関は、五人がいつも同じメンバーにならないように、また討議をリードする人とリードされる人という役割や関係が固定化されないよう、その都度メンバーの入れ替えを行うなどの工夫を行い、参加者が対等な立場で討議できる環境づくりを行っている。

また、少人数のグループなので、参加者が外国人の場合であってもグループ討議に参加しやすい環境となっている。

●グループ討議のまとめ（投票）

表4　ＰＺタイムスケジュール

	1日目	2日目	3日目	4日目
8：00～ 9：30	説明（30分）・質問（10分）・小グループ討議（35分）・全員で討議（10分）・まとめ（5分）		総まとめ	総まとめの議論
9：30～10：00	休憩（ティーブレイク）			
10：00～11：30	説明（30分）・質問（10分）・小グループ討議（35分）・全員で討議（10分）・まとめ（5分）		総まとめ	総まとめの議論
11：30～12：30	休憩（昼食）			
12：30～14：00	説明（30分）・質問（10分）・小グループ討議（35分）・全員で討議（10分）・まとめ（5分）		総まとめ	総まとめの議論
14：00～14：30	休憩（ティーブレイク）			
14：30～16：00	説明（30分）・質問（10分）・小グループ討議（35分）・全員で討議（10分）・まとめ（5分）		総まとめ	決　定

そして、一〇分間全員（この場合は二五人）で討議し、投票（五分間）で、一人五枚ずつ与えられたシールを、各参加者が賛成と思う討議内容に貼る方式で、投票を行い結果のまとめを行う。ちなみに五枚のシールのうち、同じものに投票したい場合には、最高三枚までシールを貼って投票できる。

(ウ)市民鑑定の作成段階（五～七カ月目）

●市民鑑定のまとめ

ＰＺで取りまとめられた報告書は、市民鑑定と言われるもので、依頼主である行政機関へ提出される。市民鑑定における意見は、市民全体・地域全体を考えた意見なので、行政機関は、市

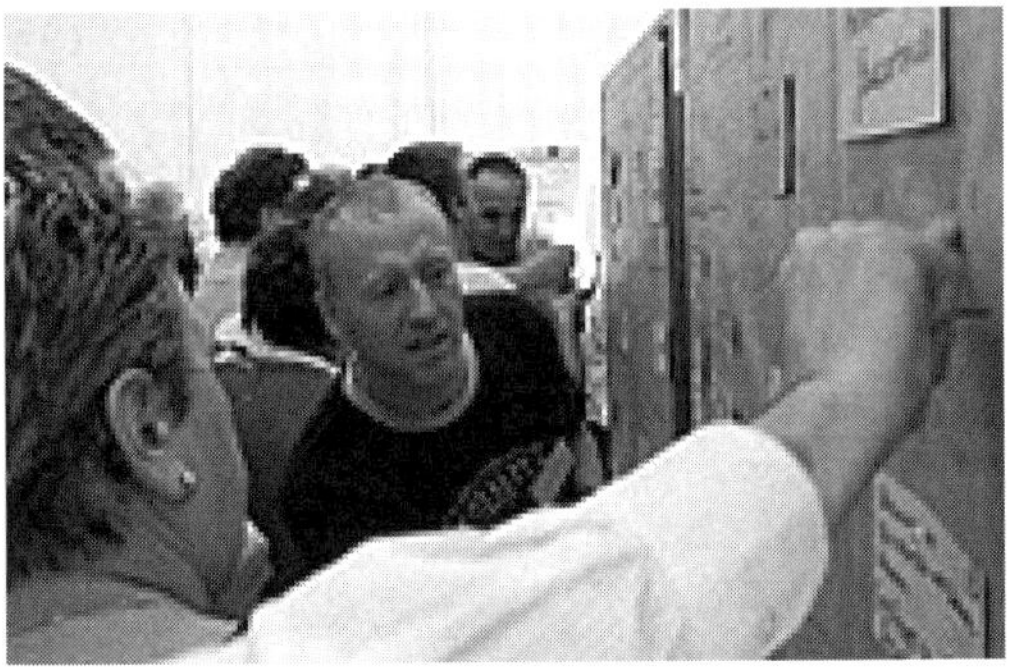

ＰＺで投票する様子　ＮＥＸＵＳ研究所ホームページから（http://www.nexusinstitut.de/）

民鑑定をもとに、専門家、政治家の意見も取り入れ、実現可能な施策として実施することとなる。

議論の過程で参加者から出された意見は、すべて文書化され記録されており、少数の意見であっても、途中で削除されることなく、市民鑑定において尊重され、市民にも公表される。

ＰＺの実施には相応の費用が必要であるが、経費を抑えてＰＺ実施の準備や討議、評価の手間を省くと質の高い市民鑑定にはならないとされる。

●市民鑑定の報告・実行

市民鑑定は、住民投票制度のように法律等で定められたものでないので、法律的な拘束力はなく、実行の義務はないとされている。しかし、市民の意見を反映したものということで尊重し、行政施策に反映される。

ディーネル博士は、ＰＺを実施した首長に、「市民鑑定を受け取ってから一年後には、参加者に市民鑑定の達成度や経過報告をするように」と助言している。

なお、ディーネル博士が委託を受けた時の委託料は、ＰＺの企画から最終報告書を作成するまでの作業で、約一〇万ユーロ（約一〇四四万円）であったが、ＮＥＸＵＳ研究所が、ＰＺの委託を受けた時には、四万ユーロ（約四一八万円）〜一四万ユーロ（約一四六二万円）と委託料にも幅があるとのことだった。

ディーネル博士は、「ＰＺの実施結果には、地方自治体の将来がかかっているのだから、決して高い委託料ではない。また、市民参加のプロセスがなく、政策決定を行った後で、市民の意見が反映されていないと批判され、計画の変更などに多くの経費がかかることを考えると、合理的な金額ではないか」と話していた。

(3)プラーヌンクスツェレの実施事例

①ブダペストとベルリンにおけるヨーロッパ市民の鑑定について

ＮＥＸＵＳ研究所が発行している「European Citizen's Consultations」をもとにＰＺの実施事例を紹介する。

ＰＺは、地方自治体にとどまらず、州、連邦、さらにはＥＵでも活用されている。ヨーロッパでは、ＥＵ統合が進む中、欧州議会やＥＵの各機関は、ヨーロッパ市民と、より緊密な関係を持ちたいと考えており、市民を巻き込むための手法としてＰＺが用いられている。

その実施事例として、二〇〇七年に実施されたブダペストとベルリンにおける市民鑑定がある。これはＥＵと欧州委員会の指示で行われた「ヨーロッパ市民の鑑定（以下、「ＥＣＣ」と略す）」を構成する市民の政策的提言を得るために実施されたＰＺである。

②ＥＣＣの大まかな流れ

ＥＣＣの実施手順は次のように大きく三段階であった。

第一段階：討議テーマの設定

二〇〇六年一〇月七日と八日に、無作為抽出された市民八人が、国を代表してＥＵの全加盟国の中から集まり、将来のヨーロッパをめぐって議論すべき三つのテーマを決定した。

第二段階：ベルリン州とブダペストにおける市民鑑定

ベルリン州とブダペストの無作為抽出された市民八四名は、二〇〇六年一一月から一二月の各四日間、ＰＺにより、市民の考えを反映させたヨーロッパをつくるためには何をすべきかを議論した。鑑定のテーマは三つあり、「エネルギーと環境」、「家族と社会福祉」、そして「移民と世界

図9　年齢の分布（全体）

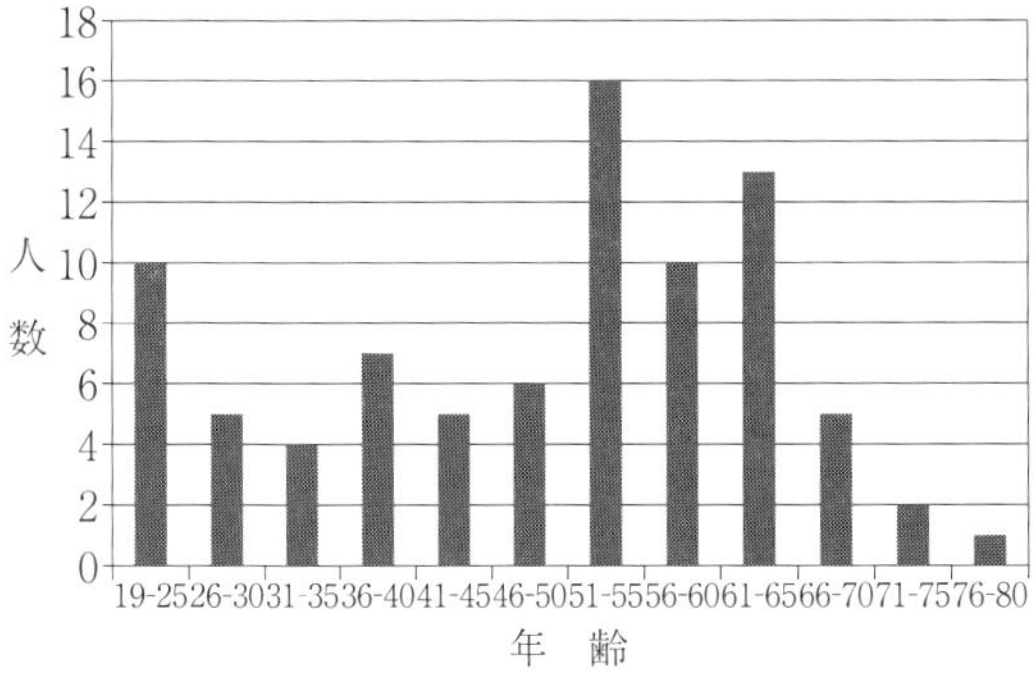

においてヨーロッパが果たすべき役割」である。

第三段階：EUの全加盟国二七カ国による鑑定ベルリンとブダペストにおける市民鑑定をもとに、EUの全加盟国二七カ国の市民により議論がされ、ECCとしてまとめられた。そして、二〇〇七年五月、ブリュッセルにて終了イベントが行われ、各国の代表者がこのECCを、国家の枠組みを超えたものとして各国の政府に報告した。

③市民鑑定の概要

ECCの実施手順の第二段階であるベルリン州とブダペストにおける市民鑑定のPZの準備、プログラムの組立、専門家の選定、および結果の整理には、中立的で独立したプロジェクト実施グループ、NEXUS研究所が受け持った。なお、PZの実施内容、参加者の構成は以下の通りであった。

(1)実施日時：二〇〇六年一一月〜一二月
(2)実施主体：ベルギー国王ボードゥアン財団ほかEU加盟国全二七カ国から参加した財団
(3)討議テーマ：①エネルギーと環境
②家族と社会福祉
③移民と世界においてヨーロッパが果たすべき役割
(4)参加者数：ベルリン州四四人（住民登記簿から無作為抽出）
ブダペスト四〇人（電子電話帳から無作為抽出）
(5)年齢の分布：ベルリン州とブダペストにおける参加者の詳細な年齢分布は、**図9**の通りである。参加者の平均年齢は、四八・二歳だった。**図9**を見ると、五一歳から六五歳までが多いことが分かる。また、年齢分布の幅は広かった。対象年齢は一六

4日目 まとめと評価
ユニット13： ・市民の声に応えるヨーロッパ ・ヨーロッパはどのように市民と関わりを持つことができるか？
休　憩
ユニット14： ・どのようなヨーロッパを私たちは望むのか？ ・すべてのユニットの結果発表
昼　食
ユニット15： ・どのようなヨーロッパを私たちは望むのか？ ・結果についての議論 ・市民陪審の評価
休　憩
ユニット16： ・European Reception

表5　ベルリンでのＰＺのプログラム

日　程	1日目 環境とエネルギー	2日目 家族と社会福祉	3日目 移民と世界においてヨーロッパが果たすべき役割
8:30 ～10:00	ユニット1： • 挨拶とオリエンテーション • 今日のヨーロッパを特徴づけるものは何か？	ユニット5： • 独身者のヨーロッパ？ • ヨーロッパの家族の問題は何か？	ユニット9： • ヨーロッパはどれくらい大きいか？ • 外交政策，隣国との関係、拡大 • ヨーロッパの外交政策はどうあることができるか？
10:00 ～10:30	休　憩	休　憩	休　憩
10:30 ～12:00	ユニット2： • ヨーロッパが依存しているもの • ヨーロッパレベルでのエネルギー問題 • ヨーロッパのエネルギー政策はどうあるべきか？	ユニット6： • 独身者のヨーロッパ？（続き） • ヨーロッパの政策は、新しい家族のあり方や昔ながらの家族のあり方をどのように支援できるのか？	ユニット10： • 世界の強国としてのヨーロッパ • ヨーロッパの軍事的役割・外交上の役割・文化的な役割 • ヨーロッパは国際社会においてどのような役割を果たすべきか？
12:00 ～13:00	昼　食	昼　食	昼　食
13:00 ～14:30	ユニット3： • 先駆者としてのヨーロッパ？ • 再生可能エネルギーと環境の持続可能性 • どのエネルギーを我々は望むのか？	ユニット7： • 平等な機会のヨーロッパ • 家庭と仕事 • ヨーロッパは家族の置かれている状況をどのように改善できるのか？	ユニット11： • 境界線（国境）のないヨーロッパ？ • 移民と国家間の自由な移動 • ヨーロッパの境界線（国境）はどれくらい開放すべきか？
14:30 ～15:00	休　憩	休　憩	休　憩
15:00 ～16:30	ユニット4： • クリーンなヨーロッパ • ヨーロッパには統一の環境政策が必要か？	ユニット8： • 平等な機会のヨーロッパ • 社会福祉と健康制度 • 水準を調整するためにはどのような可能性があるか？	ユニット12： • 政治家からのヒアリング

歳以上であるが、最年少は一九歳、最高齢は七七歳だった。

(6)確定参加率：一一・四七％

(7)男女別人数：男性四四人、女性四〇人

なお、参加者の職業は、医師、作家、技術者、主婦、学生等、さまざまであった。

④PZのプログラム

PZは、二〇〜二五人で構成され、四〜五人の小グループが同時に活動する。活動ユニットごとにくじ引きにより小グループのメンバーが決められた。また、各ユニットごとに構成メンバーを入れ替えることで、小グループに上下関係が生じないようにしている。各日のスケジュールは、**表5**のような手順で行われた。

⑤ベルリン州参加者の評価

このPZの議論の最終段階において、ベルリン州、ブダペストの参加者は、次ページの表のようにPZのプロセスを評価した。いろいろな参考意見も出されたが、ここでは、ベルリン州での参加者の主な評価結果だけを引用する。

ブダペストも同様であったが、参加した市民の圧倒的多数がPZの手法、とりわけその手順に満足したと回答している。これは、討議テーマに合った小テーマの設定、プログラムの組み立て

○この四日間の全般的な手順について，どのように評価するか？

非常に良かった	13
良かった	25
十分であった	4
まずまずであった	2
悪かった	—

○ＰＺの結果に満足しているか？

満足している	38
満足していない	2
分からない	3
無回答	1

○ＰＺは，地方レベルで行うべきか，
それとも国家レベルで行うべきか？

基本的には地方レベルで行うべきだ	34
国家レベルでも行ってほしい	31

が高く評価されたと考えられる。また、プログラムの冒頭における情報提供やグループ内の討議においては生産的な雰囲気が得られたとの回答であった。これも、特定の方向に情報が流されたり、結果的に誘導されたりしないような適切な情報提供であったことが評価されたと考えられる。ディーネル博士によると、情報提供をする専門家は議論において参加者に影響を与えないために、小グループとの関わり合いを意図的に避けているとのことであった。

ＰＺはこれまでにも、主に地域の課題に用いられてきたが、今回のＰＺのように国家レベルの課題にも対応できることが分かる。こうした国家レベルの課題に対する直接民主主義の手法が模索されている中で、ＰＺの手法はこれからも大いに期待できると考えられる。

(4)プラーヌンクスツェレの担い手——ＮＥＸＵＳ研究所

①ＮＥＸＵＳ研究所の活動

ＮＥＸＵＳ研究所は、一九九〇年にベルリン工科大学から独立した研究機関で本拠地をベルリン州シャルロッテンブルクに置いており、ディーネル博士が代表を務めている。欧州委員会、連邦および州の省庁、財団、自治体や企業からの研究調査依頼を比較的多く受け持っている機関である。

経営状況は順調で、平均年間売上高は約五五万ユーロ（約五七四二万円）、所員は現在一三名在籍している。業務分野はＰＺだけでなく、さまざまな市民参加手法について、豊富な経験があり、依頼されたプロジェクトに対して、市民参加における運営、助言、指導、評価を実施している。

ＰＺは本研究所の中心的な業務ではないが、特徴的な業務の一つである。規模の大きいもの、小さいものを含め、以下に示す実績のように年間二～三件取り扱っている。委託料も四万ユーロ～一四万ユーロと幅がある。また、ドイツには、ＰＺを扱っている比較的大きな研究所がＮＥＸ

USを含め三機関あり、大きな調査テーマを扱う場合は、協力して実施することもある。

NEXUS研究所にて　PZ事例（パワーポイントによる説明）

②NEXUS研究所におけるPZの実績

㈠各分野にわたるPZ

ドイツでは一九七〇年代から、社会的な価値観の変化に伴い、政党の影響力が増し地方自治体にも政党政治が浸透してきた。市民は、地方においても積極的に自治体活動に関与することを望むようになった。多くの市民が市民運動に加わり、地域の課題に取り組み、自分たちの意見を表明するようになった。

一九八〇年代からは、代表制民主主義と直接民主主義の中間的な形態の取り組みが発展してきた。市民は、議員や行政とともに都市計画をはじめさまざまな分野の意思決定過程に参加するようになり、その中で特定テーマの解決策を探る手法として、PZが利用されるようになった。実施

表6　計画策定や，政策立案に関するＰＺ

年代	クライアント	プロジェクト
1975年	ノルトライン・ヴェストファーレン州	ハーゲンハスプ市のダウンタウン再開発
1978年	ノルトライン・ヴェストファーレン州	ゾーリンゲン市のレクリエーション施設
1980年	ノルトライン・ヴェストファーレン州	ケルン市の市庁舎広場計画
1987年	ゾーリンゲン市	ゾーリンゲン市の都市開発
1983年	ヴェストファーレン州	新しい地区のエネルギー供給
1997年	レンゲリッヒ市	中心市街地における都市計画(コンペ)
1997年	アボルタ市	アポルタ市のダウンタウン開発
1997年	ノルトハウゼン市	ノルトハウゼン市のダウンタウン開発
1997年	マイニンゲン市	マイニンゲン市のダウンタウン開発
2007年	ブダペスト・ベルリン州	ブダペストとベルリンにおけるヨーロッパ市民の鑑定
2008年	ラインランドプファルツ州	自治体の行政改革2008年

された事例は以下の各分野にわたる。

- 都市計画
- 交通、エネルギー
- 環境問題
- 外国人市民の共存
- 教育問題
- 科学技術の影響
- 保健・農業・消費者保護政策

次に、研究所で行ったＰＺの取り組みを、大きく計画系と調査系の二分野に分けて、時系列でまとめてみた。

(イ)ＰＺのタイプ

ドイツでは、ＰＺは、①地域課題の解決策を探る課題解決型タイプと、②公聴やアンケートのような意見表出型タイプとして用いら

表7　公聴・世論調査・評価に関するＰＺ

年代	クライアント	プロジェクト
1984年	連邦省（ノルトハウゼン）	研究技術ノルトハウゼンのための社会的責任のあるエネルギー施策
1985年	財団 Warentest	製品テストのための基準の開発
1986年	連邦科学技術省	研究と技術のための情報技術の社会的影響調査
1986年	連邦政府機関（市民教育）	男女の機会均等に関する調査
1989年	ノルトライン・ヴェストファーレン州	ケーブルテレビと高齢労働者
1991年	連邦郵政省	郵政省の市民パネル ISDN
1994年	バスク州（道路交通局）	交通機関の代替道路の路線評価
1994年	ブラクスフーデ市	ドイツ人と外国人の共存
1995年	ハノーバー市	ハノーバー市の魅力的な公共交通機関
1999年	ベルリン州	ウランゲル地区の将来
2002年	レーゲンスブルク市	都市の展望
2002年	バイエルン州保健食料消費者保護省	バイエルン州の消費者保護に関する市民パネル
2004年	バイエルン州保健食料消費者保護省	保健政策

れている。なお、ディーネル博士によると、課題解決型のＰＺのうち、解決策がオープンな課題と係争的な課題があるとのことである。

オープンな課題の場合は、一つの解決策が求められているのではなく、その課題について革新的、創造的な意見を出すことが求められている。これは、都市や地域の将来構想などで、新しいアイデアやガイドラインをつくる際に用いられる。

これに対し係争的な課題の場合は、多様な解決策が提案されているが決定に至らず、紛糾化している場合である。ＰＺを使うと、社会的受容を生み、共同体としての決定を導くのに適した手法であると考えられる。

ただ、ドイツにおける実施例の多くは、意見表出型である。これは議会や行政などの既成の民主主義のシステムが、ＰＺを実施することに躊躇しているためで、それゆえ現時点では、微温的な意見表出型が主流となっている。

(5)ドイツにおけるプラーヌンクスツェレの意義と効果

ブダペストとベルリンの二つの都市で実施されたＰＺを見てきたが、以上を踏まえて、ＰＺの意義と効果を考えてみよう。

①社会全体の代表としての意見

ＰＺに参加する市民は、テーマとの利害関係もなく、また組織人としての配慮や会社での昇進等を気にすることなく、市民全体の立場で自由に考えることができる。それゆえ人気のない決定も行うことができる。また無作為で抽出されたという選出方法から、サイレントマジョリティの思いも表現される。社会全体を代表する意見を提出する場所となる。

ブダペストにおけるＰＺの実施は、ハンガリーの国民にとっては、初めてのことであったが、参加者はすぐに順応し、参加者は目いっぱい議論を行った。

②公共性と民主主義

一般に市民参加手法は、自らの意見に固執し、その主張の正当性を立証しようとしがちであるが、無作為抽出された参加者は、議題について中立的であり、一般的には直接の利害関係を有しない。参加者は、特定の利益ではなく公共の利益を代表しなければならないという立場で参加する。ＰＺでは、議論を重ねながら、意見を集約し、公共の意見を形成していく。

③無作為抽出

ＰＺは、年齢、性別、異なる社会階層の市民によって実施されるので、普段接することのない者同士が議論することになる。政治や特定のテーマに興味がない人も参加するので、ＰＺの場は、市民社会の縮図となる。賛否両論のある課題について、他の参加者とともに、圧力や陳情を気にすることなく合理的な解決策を生み出していけるということは、きわめて有用である。

④小グループとメンバーチェンジ

ＰＺでは、小グループごとに議論する。そのため、強い意見を主張する人がいても、全体の議論をムードや勢いでリードすることはできない。小グループのメンバーが毎回変わるので、優れた意見の場合は、緩やかに合意形成が行われていく。

⑤参加者の学習効果・民主主義の学校

PZでは、すべての参加者が、専門家から議論する上での十分な情報を幅広く与えられる。結論に至るまでには、いくつもの解決策が示され、それらを比較検討しながら、共通の結論に至る。その過程に中で、市民の理解が深まることになる。他人の意見に共感し、それを熟考しつつ、自分の意見を述べるというプロセスが、民主主義の学校としての機能を果たす。

⑥テーマの多様性

PZは、計画策定・政策立案といった課題解決型テーマや、公聴・世論調査・評価といった意見表出型テーマにも適用できるが、個人ではなく全体のために考え、行動しようとする姿勢が育成されることから、係争的な議題の解決や重要な論点を提供したりする手法としても有効である。

ベルリン州とブダペストにおけるPZでは、世界におけるヨーロッパの方向性について議論がされた。PZは、国家レベルの課題にも有効である。

⑦PZに参加できる環境の整備

参加者は、火曜日から金曜日の四日間で、裁判所の証人出廷時と同様のシステムの適用を受け、自分の仕事として、PZに参加している。ディーネル博士によると、仕事を休んで参加してもらうため、参加者には、四日間の報酬として平均約三〇〇ユーロ（約三万一三〇〇円）が支払われているとのことだった。また、ドイツの教育休暇制度により、三〇日の有給休暇とは別に、再教育、講習受講などを対象として、一〇日間の有給の教育休暇が法に規定されており、参加者は、この教育休暇を取ってＰＺに参加している。そして、雇用主も、教育休暇制度に基づき、従業員がＰＺに参加できるよう休暇取得を認めている。このように教育休暇制度だけでなく、休暇中の賃金保障など、参加できる労働環境等の諸条件も整っており、市民参加を進める環境整備もＰＺの推進に必要であると言えよう。

Ⅲ　日本版プラーヌンクスツェレの展開

1　日本版プラーヌンクスツェレの視点——ドイツから学ぶこと

ドイツの取り組みを参考に、日本へＰＺを導入する際の視点を考えてみよう。

①無作為抽出という発想

この方式で最も興味深いのは、参加と抽選を組み合わせた点である。これまで自治体は、市民の主体性を前提とする数多くの参加の仕組みを開発してきたが、改めて考えてみると、たしかに参加の仕組みがあることと実際に参加することとでは、大きな乖離がある。それを補うために、参加という主体性と抽選という受動性をミックスする制度設計が実に新鮮である。

②徹底した情報提供

ＰＺにおいて、公平な情報提供ができるのかとの問いに対して、ディーネル博士は、「賛否の専門家の意見をありのまま情報提供し、市民の討議によって結果を決めることが大事である」とのご意見であった。情報提供は、この制度のポイントであり、ドイツにおける実践は、参考になろう。

③適用範囲の広範性

ＰＺの実施目的には、課題解決型と意見表出型があり、さらに課題解決型ＰＺには、解決策がオープンな課題と係争的な課題とがある。

日本における導入を考えた場合、意見表出型ＰＺは比較的容易に導入できるが、ＰＺを課題解決型として利用するには、まだまだ実績不足である。経験を積み重ねていくしかないであろう。

④中立公平な実施機関について

ドイツでは、ＰＺの実施は中立的な機関に委託する形で行われている。他方、日本では、まだまだそれにふさわしい中立的な機関は、育っていない。今後、この分野を担う大学・ＮＰＯ等を意図的に育てていくことが必要だろう。

⑤有償による参加

仕事を休んで参加する代償として、ＰＺでは有償制が採用されている。参加者は、有償で参加することから、責任感を持ってＰＺに参加できるとされている。また、ドイツでは、教育休暇制度を活用しながら市民参加ができるが、この点は、日本においても学ぶべきだろう。

⑥民主主義への投資

地域の縮図のような人々が集まり、地域課題やこれから自分たちがなすべきことを議論して、合意形成していく手法は、今後もますます重要度を増していく。地域課題は、誰かが解決してくれるものではなく、そこに住んでいる人々が、自分たちの課題として取り組まなければいけないからである。ＰＺは、こうした民主主義を育む有効な手法である。

⑦日本の特色を活かす

日本では自治会をはじめとする地域コミュニティが地域づくりを行っている伝統がある。ＰＺの導入では、この共助の強みを壊さないような制度設計、運用が必要である。ディーネル博士も、「ドイツのＰＺをそのままするこことは難しいかもしれないが、日本版に変えてＰＺを行うかたちでもよいのではないか」とのご意見であった。ドイツ方式を金科玉条とするのではなく、地域ごとに、地域にふさわしいＰＺを開発していくべきだろう。

2　日本における取り組み

(1) ＪＣの取り組み

①先駆的取り組み

日本で、ＰＺに先駆的に取り組んでいるのが、青年会議所（ＪＣ）である。東京青年会議所（東京ＪＣ）は、二〇〇五年七月の時点で、日本初のＰＺを実施している。その後、ＪＣは、市民討議会という名称で、全国で普及させるための取り組みを進めている。

鈴木和隆氏の論文によれば、ＪＣの取り組みは二つのタイプに分けることができる。共催型（ＪＣの開催提案に対して行政が積極的な対応を取るタイプ）と後援型（消極的な対応を取るタイプ）である。

市民階層を正しく反映した住民の抽出、信用性、その後の行政施策への反映等といった観点から共催型が好ましいが、後援型あるいはＪＣ単独開催型が多いのが現状である。

②ＪＣパターン（運営マニュアル）

ＪＣは、ＰＺの普及を進めるために、「市民討議会運営マニュアル」（www12.jaycee.or.jp）を作

表8　共催型・後援型の比較

	共催型	後援型
①参加者の多様性	•住民基本台帳による無作為抽出 • JCと行政の連名での参加依頼書 ⇒より多くの参加者を確保 ⇒参加者の多様性を確保	•住民基本台帳によらない無作為抽出 • JC単独名での参加依頼書 ⇒参加者が少ない ⇒参加者の多様性確保が困難
②多面的な情報提供と徹底した議論の仕組み	•情報提供者の選定：行政関係者に依存する傾向 •提供情報に係る事前精査が十分になされていないために，論点・争点が不明確であり，したがって，議論し，合意形成するというプロセスが失われ，個々の意見を程よくまとめるだけで終わってしまっている	•情報提供者の選定：多分野からの選定を試みる傾向 •(同左)提供情報に係る事前精査が十分になされていないために，論点・争点が不明確であり，したがって，議論し，合意形成するというプロセスが失われ，個々の意見を程よくまとめるだけで終わってしまっている
③参加住民の負担軽減	•提供情報に係る事前精査が十分になされていないため，スムーズな議論を可能とする情報が提供されていない	同　左
④住民の主体的参加	•提供情報に係る事前精査が十分になされていないため，主体的な議論を可能とする情報が提供されていない •行政の主催する会議への参加という感覚で，大きな一体感は生まれない	•(同左)提供情報に係る事前精査が十分になされていないため，主体的な議論を可能とする情報が提供されていない •同じ感覚を持つ者同士の運営・参加によって大きな一体感が生まれる
⑤参加報酬による責任感と積極性の誘発	•長時間の拘束に対する代償としての報酬であり，討議と合意形成をすることへの対価ではない	同　左
⑥結果の取扱いにおける真摯な対応	•パートナーシップ協定によって施策への反映を約束	•行政における取決めはなく，対応が曖昧
⑦意識改革による継続性の確保	•行政と参加者との密接な関わりによって参加の継続性を確保し易い	•行政と参加者の関わりが密接ではないため事後フォローが不十分となる

(出所)　鈴木和隆「新潟市における住民自治活性化のための行政のあり方に関する研究」(政策研究大学院大学修士論文)から引用。

市民討議会運営マニュアル２０１２

成している。マニュアルがあれば、初めての団体でも取り組むことができるというメリットがあるが、反面、画一化、形式的な運営が行われる要因にもなる。実際の運営を見ると、パターン化が目立っている。運営マニュアルには、実際の計画や運営に際しては、地域の特性を考慮のうえ、市民討議会を開催して下さいと書かれているように、ＰＺが、さらに市民権を得ていくためには、テーマや地域の実情に応じた運営方法を独自に考え、実践していくべきだろう。

⑵自治体のおける先駆的取り組み

①三鷹市の取り組み

自治体でＰＺに先駆的に取り組んできたのが東京都三鷹市である。三鷹市では、これまで、市民会議方式、住民協議会との協働（コミュニティカルテ、まちづくりプラン）、みたか市民プラン21会議（白紙からの参加）、ｅ市民参加（ＩＣＴを利用した市民参加）、まちづくりディスカッションといった数々の市民参加の試みを行ってきている。

しかし、審議会形式も公募型市民会議も「参加の意欲と条件」が合致した特定の声ではないのかという疑問から、声なき声を聞くために有効な手段はないかと模索してきた。

そこで、注目したのが、ＰＺである。二〇〇六年に、三鷹青年会議所とのパートナーシップ協定を締結して、「みたかまちづくりディスカッション」を開催した。テーマは、「子どもの安全安心」を取り上げている。二〇〇七年には、基本計画づくりに採用している。この時は、防災、高齢者の二つのテーマに分かれて議論している。

図 10　参加市民の年齢構成

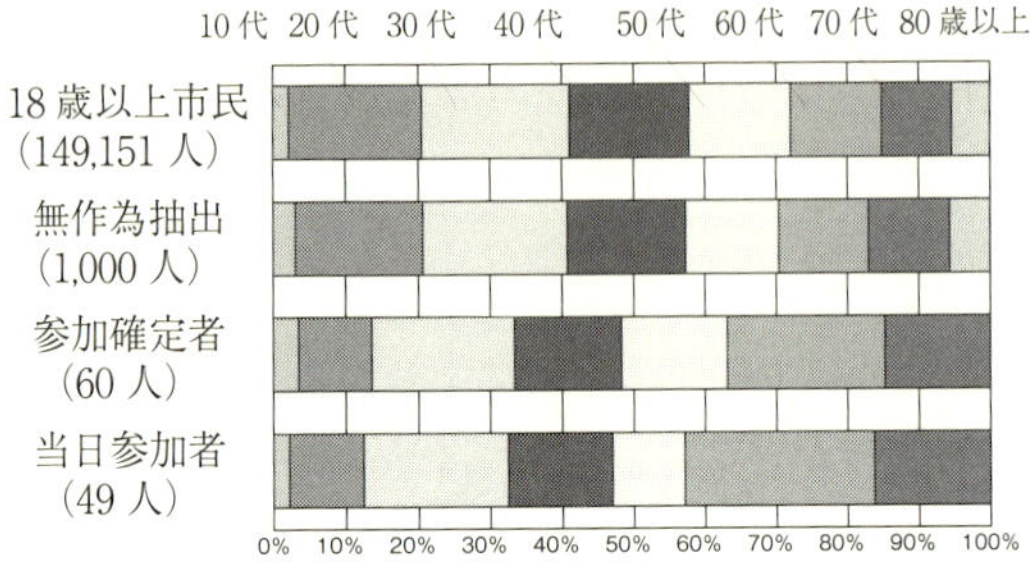

（出所）「2007 年　基本計画改定に向けたまちづくりディスカッション実施報告書」。

三鷹市の仕組みは、次の五点に集約される。

① 対象者を無作為で抽出して参加要請する
② 参加者には謝礼を支払う
③ 少人数（五～六人）のグループで話し合う
④ 各話し合いの前に現状・課題等を情報提供
⑤ 話し合いの結果は市民意見として公表

実績を見ると、三鷹市では、一八歳以上の市民が約一五万人いるが、まず一〇〇〇人抽出している（年代別構成比とほぼ同じ比率になっている）。このうち、参加確定者六〇人、当日参加者四九人である。参加率は五％～六％である。

実際の参加者の年代別構成比を見ると、六〇代が多くなり、二〇代は少なくなるという結果になっているが、二〇代、三〇代の参加者がこれだけいるというのが驚きである。

三鷹市は、このPZの結果を次のように総括している。

①　参加承諾者数に見る高い参加意欲

②　真剣で活発な議論と質の高い提案

③　参加者の高い満足度

④　今後もこの取り組みを「続けるべき」という熱いエール

⑤　「次は自分も運営側に回りたい」との意向もある

また、参加者に、「これまで、行政の呼びかけによる市民会議に参加した経験があるか」を聞いているが、「参加した経験はない」が九八％となっている。新たな市民の掘り起こしになっている。

おだわらTRYフォーラムの様子

②小田原市の取り組み——おだわらＴＲＹフォーラム

おだわらＴＲＹフォーラムは、二〇一一年度からスタートする総合計画を策定するにあたり、市民、各種団体、市がそれぞれの立場や役割に応じて、さまざまな市政テーマについて意見を表明する小田原市独自の新しい市民参画手法である。

このフォーラムは、市民団体等からの実践に基づく「政策提言」と、無作為で抽出された市民が討議を行う「市民討議会」からなっている。

無作為で抽出された三〇〇〇人と前年度開催したシミュレーション参加者三九人に招待状を発送し、二〇〇人から参加承諾があり、全員を参加者として決定した（参加承諾率六・六％）。二〇〇九年六月二七日の開会から約二カ月間、九つのグループに分かれ、合計で六三テーマについて討議を行った。テーマ設定も、「ご近所の顔見知りを増やそう！」、「本当に必要な防災訓練について考えてみよう」といったように、具体的で身近なものになっている。

(3)どのように行われるのか――相模原市南区区民ミーティングから

日本におけるＰＺの実際を相模原市南区区民ミーティングから見てみよう。

①南区区民ミーティングとは

相模原市南区版ＰＺは、「わいわいみんなで語ろう～南区区民ミーティング」という名称で行った。これはＰＺのネーミングの問題であるが、市民討議会では硬すぎ、趣旨に合致しないと考えたからである。運営方式は共催型で、住民基本台帳からの抽出は、行政が担当し、当日の会議の運営等は、相模原ＪＣが行った。

開催日時は、二〇一一年九月二五日の日曜日、午前一〇時半から一六時まで、ほぼ一日かけて開催した。会場は小田急線相模大野駅に近い、相模女子大学のマーガレットホールであった。

当日の参加人数は、男三七名、女三五名の合計七二名であった。この参加者の選出は、住民基本台帳から一六歳以上の男女三〇〇〇名を無作為で抽出して、参加依頼書を送付した（なお、この時点では、参加定員を八〇名と想定していた）。このうち、参加申込者は一〇三名あり、募集定員を超過していたが、参加希望のあるすべての人に参加依頼書を送付した。その後、欠席連絡や当日欠席者もあり、最終参加者は七二名となった（参加率は二・四％）。参加者については、一定程度の欠席があるものと考えておいた方がよい。

②テーマ

テーマの選定は、当初は、もう少し政策判断に近いものをイメージしたが、初回ということもあって、無理をしないことになった。同時に、このミーティング結果をこのＰＺを主催した区民会議の検討（相模原市南区のまちづくりの方向性を定める「南区区ビジョン」を検討中であった）の中に反映できるテーマとした。

具体的には、①「南区の魅力的なまちづくりとは？～私が南区を選んだ理由と魅力的なまち南区に必要なものは～」、②「高まる地域コミュニティの役割！　今必要とされる地域力とは？～

地域のきずなを支える自治会をより魅力的なものとするには〜」の二つである。
それでも、自治会については、興味深い意見が出て、多様な区民の意見を聞くという意味が、実感できたように思う。

③討議の進め方

参加者六人で一つのグループを形成し、一テーマについて討議、意見発表、投票するという方法で行った。こうしたワークショップ方式は、ＪＣが全国各地で行っているやり方で、いわば標準型である。

話し合いでは、各グループ内で互選された司会者を中心に、付箋等を用いながら意見を発表し、討議の結果については、最終的にグループの意見として、二つ程度の意見に集約した。

話し合いのルールとしては、ブレーンストーミングの原則にのっとって、「対等、尊重、自由、楽しく」を基本に行った。

一回の話し合いが終了した時点で、グループごとに発表と投票を行った。投票については、テーマごとに一人につき三枚のシールを配布し、各自が良いと思う意見にシールを貼ってもらった。最後に発表をしたが、みな実に発表がうまかったのが印象的である。考えてみれば、きちんとしたプレゼンができなければ、仕事にならないという人も多いだろう。日頃、鍛えられている市民がたくさんいるということであり、そういう市民を発掘するのが、このPZの効用の一つなのだと思う。

④行政の躊躇と前進

　PZは、東京のJCから始まり、相模原市でも、数年前からJCが独自に取り組み始めている（自分たちでポスティングして参加者を集めている）。しかし、この制度をより精度の高いものとするには、参加者を住民基本台帳で無作為抽出することが不可欠であるが、これには行政の協力が必要になる。そこで、相模原JCでは、何度も行政にアプローチしたが、これまで共同実施ができなかった。協働提案事業も使ったが、これも門前払いとなった。それがここ数年、続いていたのである。

　そんな中で、今度は、区民会議にアプローチがあったわけである。会議に諮ってみると、この区民会議の特徴でもあるが、自治会、町内会の代表の人たちを中心に、「若い人たちの取り組みなので、細かいことを言わずに応援しよう」という前向きな声が上がり、応援することになった。

　JCと区役所の共催という運びになったが、区役所側の調整も容易ではなかったろう。大きな組織の中では、横並び意識もあり、出る杭は打たれるのが常である。区役所の人たちは、企画や政策、個人情報保護担当など関係セクションとの調整に、大いに奮闘してくれた。さまざまな抵抗もあっただろうことは、私も長い間、自治体にいたので、容易に想像できる。それでも、前に進めた力量には頼もしい限りである。

⑤評　価

この相模原市南区版PZの評価は次の通りである。

①初めての市民の参加

参加者に「これまでに、シンポジウムや審議会といった市が主催する討論の集まりや会議に参加したことはあるか」と聞いてみた。「ある」五名（七・六%）であるのに対して、「興味はあったが参加したことはない」一二名（一八・二%）、「ない」四九名（七四・二%）であった（無回答あり）。

無作為抽出という手法が、新たな市民を掘り起こす効果があると言えるであろう。当日、会場にいた南区長の「初めて見る区民ばかり」という言葉が印象的だった。

②若い世代の参加

当日参加者を年代別で見ると、六〇代が最も多く、次いで七〇代となっている。両者合計で五割を超えており、やはり高齢者の参加比率は高い結果となった。他方、特筆すべきは、三〇代以下の参加者が約二割あったという点である。この数字をどのように評価するかであるが、日曜日でしかも一日拘束される市民会議に、これだけの若者が参加したという点は、ＰＺの可能性を示していると言えよう。

ちなみに、一日という開催日数について、長い九名、ちょうどよい四七名、短い六名という回答となっている。

③参加の動機について

「今回の南区区民ミーティングに参加しようと思った一番の理由」（複数回答あり）では、

今回のテーマに興味があったので（五名）

図11　参加者（年代別）

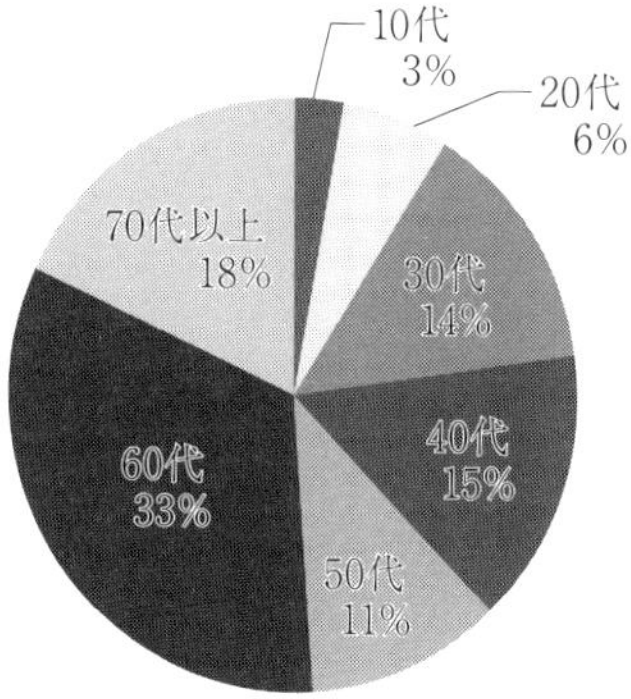

通知が届いて良い機会だと思ったので（三三名）

地域に貢献したいと思ったので（一三名）

無作為で選ばれた区民が集まるという趣旨に賛同したので（二四名）

「通知が来て、良い機会だった」という回答がトップである点もＰＺの可能性の一つであろう。

以上のように、ＰＺは、可能性を秘めたシステムと言えると思う。

3　日本版プラーヌンクスツェレの展開にあたって

(1) 制度設計にあたっての論点

① 制度目的

ＰＺは、ドイツでは、平均的な市民意見の収集と市民意思の決定方法として使われているが、日本では、より幅広く、多様な目的で使うことができるだろう。

①普通の市民が集まり、交流する機能

普通の市民が集まり、交流する機能は、意外と重要で市民ニーズも高いものである。

行政はこれまで、パブリックコメント、市民委員の公募制度など、新しい参加の仕組みを開発し、用意してきた。行政から見ると、市民参加の機会はたくさんあるにもかかわらず、市民が参加しないのは、市民側に原因があり、市民の関心の低さが問題であると考えてきた。

しかし、参加の機会があるということと、実際に参加するということの間には大きな乖離がある。いくら公共的なことだといっても、自ら手を挙げて参加することは、一般的、普通のことではないからである。両者を架橋するツールを開発する必要がある。ＰＺでは、参加依頼の連絡が来るが、それが参加してみようという動機づけになる。一歩を踏み出す後押しになるという点は過小評価すべきではないだろう。

参加する市民は、当日のスケジュール表を見て、「こんなに時間が持たないのでは」と心配するが、終わってみると、「あっと言う間に時間が過ぎた」という感想を持つ。終了後もすぐに帰らず、話が続くことも普通である。市民同士は、まちのことを考え、自分の思いを語る機会を望んでいるということであり、話し始めると話が尽きないということである。

東日本大震災以後、あらためて私たちは一人では生きられないことを確認することになったが、では、市民同士のつながりをつくるといっても、それは容易なことではない。つながりのつくり方は、多様、重層的であるべきであるが、初めて出会った人が、公共を語る中で、つながりを確認することができるＰＺは、有効な方法と言えよう。

②市民の平均値を把握する

一般には、この制度は、市民の平均値を把握するためのものと考えられている。

たしかに、説明会の会場に足を運びそこで出される意見が、全体の意見なのかというと疑問がある。わざわざ会場に足を運び、意見を提出するのは、一般的には異議があるからである。パブリックコメント制度も同様で、疑問点、疑義を糺すために、意見を提出する。賛同するという意見は、なかなか出にくい仕組みである。市民参加制度は、もともとが行政に対する異議申立ての仕組みとして始まっているため、多くの市民参加制度が、このＤＮＡを維持している。

その意味で、平均値を探る方法として、ＰＺの有用性が考えられる。住民票で抽出すれば、全市民の平均値が母数になり、実際に出席する市民にもそれが反映される。この方式で、実際に参加する市民は、全体の五％程度にとどまるため、全市民といってもやはり一部ではないかという批判は残るが、それでも意欲的な五％が、バランス良い世代配分で出席するという意義は評価すべきだろう。

③市民が決定する

ドイツでは、この制度は、市民意思決定システムとしても使われている。魅力的ではあるが、日本では簡単には合意は取れないであろう。

拘束的な制度とすると、首長と議会に決定権限を与えている現行制度に違反することになろう。非拘束的・諮問的な制度に位置づければ、現行制度との整合性は図れるが、問題は、それでも市民意思を正しく反映したシステムとして、内実が伴うかどうかが議論になってこよう。

市民意思決定システムとして動き出す前提として、次のような条件が不可欠だろう。

- 適切に判断できる情報提供があること

・テーマの設定が、裁判のように明確な白黒をつけるようなもの
・市民会議が、自律的に一定の結論を出すこと
・それを社会的に公認する土壌があること
・そのためには、裁判のように長期の検討が求められることになる

その意味では、十分な社会的合意と制度設計が必要で、日本におけるＰＺの実施例は、これら条件を十分には満たしていないであろう。

④新たな市民の掘り起こし

この方式の優位性は、無作為抽出によって参加者を選定するという点にある。三鷹市でも相模原市でも、参加の動機は、通知が来て、良い機会だと思った人が多い。自らは手を挙げる市民ではないが、意欲を心に秘めている市民の掘り起こしになっている。

三鷹市の例でもそうであるが、実際には六〇代の参加者が多く、二〇代では少ないという結果になっている。完全な社会の縮図ではないが、二〇代からの参加があるという方が驚きである。

⑤市民の教育効果

案件学習の機会となるという点も重要である。地方分権が進む中、自治の当事者としての市民の役割はますます重要になる。「抽選で選ばれたので、一カ月間新聞を読み、スクラップを取っ

た」という意見があるように、たしかに、選ばれて出るからには、きちんと、まちのことに関心を持ち、勉強しようという契機となる。与えられた学習ではなく、自主的、主体的な学習なので、教育効果も大きいだろう。この点は、軽視されがちであるが、民主主義の学校である地方自治にとっての基本である。もっと強調されてよいだろう。

こういう市民が多くなると、話し合いの前段に行う説明や情報提供のやり方は、大きく修正を迫られることになるだろう。

⑥民主主義の充実

民主主義を機能させる有効な方法の一つが、決定する立場の交代である。市民は普段は決められたことを受け入れ、従う立場にいるが、それを続けていると、人任せ、無関心になる。そこで、時には、市民を政策決定に主体的に関わる立場にすることで、政策課題は、多面的で複雑であることを理解し、その決定は、苦渋の決断であることを体験することができる。

PZは、抽選によって市民を決定する立場に位置づける仕組みである。PZは、市民一人ひとりの民主主義を活性化させる有効な方法である。このように考えると、抽選に当たるというのは、市民にとって権利であり、責務になる。

②名称、呼び名

この制度は、ドイツ由来の制度であるが、ドイツ語のプラーヌンクスツェレのままでは分からないし、それを直訳して「計画細胞」と言い換えてもさらに意味が不明になる。どういう名称が好ましいかは、この制度目的をどこに設定するかによって、決まってくる。

ＪＣが提案するのは、市民討議会であるが、これは一緒に集まって討議する部分に焦点を当てた名称である。裁判員型市民参加は、裁判員制度からイメージしやすいが、その分、決定に比重を置いた制度のように理解されるだろう。

私は、無作為抽出と小グループによる熟議が、この制度のポイントと考えるので、無作為抽出型市民会議と呼んでいる。

③適用範囲

自治体のさまざまな政策分野において、ＰＺを使うことができる。

①総合計画

二〇一一年五月の地方自治法の改正で、市町村では、総合計画の策定義務がなくなり、策定するかどうかは、自治体の判断に委ねられることになった。その分、総合計画を策定する自治体は、なぜ策定するのか、さらにはその策定プロセスが問われることになる。

総合計画の策定にあたって、市民参加は当然であるが、無作為に抽出された市民が集まることで、利害関係者だけではなく一般の市民の意見も聞くことができ、市民同士が直接意見を交わす良い機会ともなる。総合計画にＰＺを導入する例はかなり多く、小田原市のＴＲＹフォーラムは、最も大規模なものである。

②条例制定

条例制定は、かつては行政の専管事項であったが、今日では制定過程に市民が参加するのは一般的になった。検討委員会の市民委員をＰＺを使って選任することが考えられる。戸田市では、自治基本条例を検討する市民会議組織の市民委員をＰＺによって、選任している。

③事業仕分け

事業仕分けにＰＺを使うことで、事業の必要・不要を市民の平均的判断に委ねることができる。埼玉県富士見市の事業仕分けでは、市民の中から無作為に抽出された一〇〇〇人のうち五八人が判定員として参加した。

④討論型世論調査（ＤＰ）

討論型世論調査（Deliberative Polling: DP）とは、世論調査と市民間で意見交換をするフォーラムの二つから構成される新しい世論調査手法である。

従来型の世論調査では、調査対象者の多くは、聞かれるテーマについて十分な知識を持っているわけではなく、聞きかじり情報や直感で答えるということがある。そこで、調査対象者に知識を与え、熟議のプロセスを導入する点が、ＰＺと類似している。他方、ＰＺでは、最後に、市民答申というかたちで報告書を作成、提出する点がＤＰとは異なっている。

藤沢市では、慶應義塾大学ＤＰ研究会と藤沢市経営企画部経営企画課との協力により二回の討論型世論調査が実施されている。

そのほか、ＰＺは市民参加型の政策分野に活用でき、応用範囲は広いだろう。

④市民間、議会での活用

ＰＺは、行政だけでなく、議会や地域コミュニティも使うことができる。たとえば、地域コミュニティも、参加者は少なく、メンバーの固定化、高齢化が悩みである。この点は行政と同じである。地域コミュニティは、開かれており、誰でも自由に参加できることになっているが、それでも、あえて参加することは、実際は簡単なことではない（ここにも意欲と実行との間には大きな落差がある）。ところが、抽選に当たったという手紙が来ることで、参加してみようという動機づけになる。ＰＺは市民間でも活用できるだろう。

議会についても、二元代表制のもと、執行部の監視・チェックだけではなく、政策提案機能が求められているが、ＰＺは議会が市民意見を聴取する方法としてきわめて有効だろう。

⑤有償化をめぐって

ＰＺの特徴が有償制である。会議参加者には、対価としての報酬を払うことが一般的である。審議会等に委員として出席すれば報酬が出るし、日本の裁判員制度でも、休業補償的な報酬が支払われていることを考えると、理解は容易だろう。

なお、有償化の理由について、報酬を払うことで、参加者の責任感・積極性を誘発するとされる。ただ日本の場合、謝礼といっても、一時間あたりに換算するとアルバイト代程度なので、これは大げさすぎるように思う。

行政にとっては、有償制は、最も違和感を持つ部分である。税金を出すことになるので、明確な公共性と費用対効果が求められるが、それだけの意味があるのかどうか、鋭く問われることになる。また、公共的な事柄の多くが、市民のボランティアで行われている現実を考えると、この制度だけ報酬を出すということについて、一定の整合性（理由づけ）も求められよう。もし、これに謝金を払うと、無償によるボランティアシステム全体が揺らぐのではないかという心配である。以上の点について、説得的な説明ができないと、市民からも議員からも異論が出て、簡単には予算化に至らないであろう。

私は、有償制は、これまで参加が難しかった市民の参加を促す誘因にはなるだろうと考えている。アルバイト代程度でも、若者には動機づけになるし、主婦などにも参加のきっかけになる。

しかし、ＰＺだから一律に有償ということにはならないだろう。審議会のような専門的な議論が行われる会議には報酬が出るが、単なるイベントやアンケートに回答するような場合は、記念品だけにとどまるように、ＰＺについても、その有償制は、会議の内容等で区別していくべきである。

有償で行ったＰＺ参加者に聞くと、どの調査でも「適切な金額だった」という回答である。他方、無償で行った相模原市南区のＰＺでは、「無償でよい」というのが圧倒的になった。有償化は、全体から見ると、大きな要素ではないということだろう。

⑥情報提供

情報提供は、この制度の最も重要かつ難しい部分である。必要最低限の情報を理解していないと議論はできないし、参加した市民の間で知識レベルが違っていると、よく知っている人が議論を独占して、結論の方向を支配してしまう。

また日本のＰＺでは、情報提供は最大で一時間程度であるが、その程度で妥当な結論が出るのかという問題もある。正確に判断できる情報提供を行わないと衆愚に陥る。時には為政者にいいように使われてしまうおそれもある。過不足がなく、かつ中立的な情報を短期間で十分に提供ができるかがポイントになる。

- 提供する情報が誘導的にならないように、賛成、反対の両方から話を聞いて判断する。
- 行政が情報を出す場合は、良いことばかりになりがちなので、ネガティブ情報も出せるようにする。
- 利害関係者や専門化が集まって、論点を抽出し、判断素材を整理するような会議（論点会議）も有効だろう。ドイツでも、市民による会議が開かれる前に、利害関係者による円卓会議が開かれている。

⑦運営に関して

一般的には、少人数のグループに分けて議論するが、参加者は、当初は「時間が持たないのでは」と心配する。しかし、実際に始めると、「あっと言う間に時間が過ぎた」という感想を持つ。少数ということで、発言する機会が確保され、話し始めると話が尽きないということである。

グループをシャッフルしながら話し合いをするが、これは特定の大きな声に引きずられることを防ぐ効果がある。この中で、合意するには「説得」よりも「共感」が大事ということに気づくということである。他方、短時間のグループ交換は、ややあわただしく、知恵が分断されてしまうというデメリットもある。

シール投票と発表が行われるが、イベントとしては面白く、大勢を知る機会のためと理解できるが、多様な意見を出し合う機会とすると、小さな意見を無視してしまう心配がある。

⑧テーマ・課題の設定

ＰＺには課題解決型と意見表出型があり、課題解決型ＰＺにも、解決策がオープンな課題と係争的な課題がある。

一日～二日間の集中検討では、おのずとテーマは限られてしまうだろう。厳しい判断を迫られるようなテーマは選択されず、アンケート的な内容になってしまう。この方式の意義が熟議にあるとすると、これまでの運営方式では、必ずしも熟議にふさわしいものにはなっていない。マニュアルに縛られずに、さらなる改善、工夫を期待したい。

⑨参加者のフォロー

一度参加した市民のフォローである。せっかく、まちのことに目覚めた人をフォローする仕組みが大事である。ＰＺを何度も繰り返していくと、まちづくりに参加したいという市民も増えてくる。こうした市民を引き止め、自治の担い手になってもらうことも大事である。その場合、個人情報保護との問題を整理する必要がある。個人を幸せにするための取り組みであるから、知恵をしぼれば、答えは出てくるであろう。なお、三鷹市では市民会議等の公募委員候補者を無作為抽出しておき順次就任を依頼する方式を採用している。

⑩結果の取り扱い

ＰＺの結果をどうするのかというのも論点である。なぜならば実現につながらない検討・提案は、税金の無駄遣いとなるからである。そのため共催型では、ＪＣと行政とでパートナーシップ協定が締結される。

行政施策を実現するために有効だからＰＺを採用するのであるから、行政効果が期待できないＰＺは行うべきではない。

⑪議会との関係について

ＰＺは、直接民主主義的な要素があるので、地方議会との関係は気になるところである。議会側から、議会の役割を無視するものであるという誤解を受けると、予算がつかず、実施もできないことになる。

そもそも二元代表制のもと市長が政策決定の参考資料として、この制度を使うのであるから、議会の権限を侵害し、役割を無視するものではない。直接民主主義的な制度は、議会の拒否反応にあいがちであるが、この制度の意義を地道に説明して、議会の理解を得ていくべきだろう。

⑫さまざまな展開

この制度は、多くの可能性を秘めたシステムで、次のような展開が可能であろう。

たとえば定年世代を対象とするＰＺ、子育て世代のＰＺ、学生世代のＰＺといった、テーマ型、同世代型のＰＺも考えられる。無作為抽出という点に着目すると汎用性は広いと言える。ちなみに、相模原市南区区民会議では、二〇一三年九月に、一八歳から三九歳までを対象としたＰＺを行う。これは区民会議のテーマである「若者のまちづくり参加」を当の若者に議論してもらうという試みである。

(2)導入にあたっての課題

①制度化の困難性を乗り越えるには

ＰＺは、実施までこぎつけるのがなかなか難しい制度である。いくつかのヒントを紹介しよう。

(ア)市民からの要望＋具体的効果

行政は新しい制度の導入には慎重になる。それは行政が怠慢だからではなく、行政は税金で動く組織だからである。税金の無駄づかいになってしまう「失敗」はできない組織である。したがって、新しいことにはなかなか踏み込めない。

相模原市南区ではＰＺを実施したが、なぜできたのか。

一つは、地域活動を実践している市民（区民会議）の中から、実施しようという声が上がったことである。行政は、地域からの提案は重く受け止める。区民会議メンバーの多くは、地域活動を実践している中で、ある種の閉塞感を感じている。現状を何とか打破したいという思いが、住民からの提案につながった。

次に、ＰＺにおける検討結果が、具体的に政策に活かされたという点である。これまでのＰＺを見ると、ともかく実践することに重点が置かれてきた。しかし、ＰＺはあくまでも手法であって、目的達成に有用な方法だからＰＺを採用するのである。南区の区ビジョンの策定にあたって、これまで参加しなかった市民の意見を反映する機会として、ＰＺが有用だという説明がきちんとなされたことが、やってみようという後押しとなった。このＰＺの優位性をきちんと示して、当該政策目的の達成に有効であることをきちんと示すのが、導入のポイントだろう。

(イ)他の代替手段よりも有用であることを示す

ＰＺは、平均値を知る方法としては有用であるが、行政は常に平均値を意識して仕事をしており、わざわざ聞かなくたって分かっているというのが行政の本音だろう。また平均値なら市民アンケートの方が有効だという意見もある。回答率が、ＰＺよりも圧倒的に高いからである。市民アンケートよりも優位であることの立証が求められる。ポイントは熟議の制度だという点であろう（この点が制度設計のポイントでもある）。

なお、蛇足になるが、行政が平均値をあえて調べる時はどんな時か。その一つが行政自身が平均値に自信を持てない時である。また行政が平均値を声高に言い始めた時は、要注意である。政治や行政は、声を出せない、陽の当たらない少数者を切り捨てずに目配りをするのが、もう一つの重要な役割だからである。

市民が集まり交流する機能、新たな市民の掘り起こし機能、市民の教育効果も重要であるが、他にも方法があり、費用対効果から見ても疑問が出されよう。やはり、抽選で有為な参加者が決まるという受動的参加が、これまでまちづくりに無縁であった市民の発掘になるという点がポイントだと思う。ちなみに、この制度を若い世代の参加にターゲットを据える発想は、案外、行政が予算をつける際のポイントになるのではないか。

②悪用の危険にも常に注意する

ＰＺは、少数者の意見が反映されにくいという難点がある。たとえば、廃棄物最終処分場の建設で考えると、無作為抽出なので母数をそのまま反映し、特に負担を被らず利益だけを享受する一般住民が多く選ばれて、実際に負担を強いられる周辺住民（利害関係者）はほとんど選ばれないということになる。利害関係者は少数だからである。ＰＺは運用を誤ると、多数の意見を正当化し、少数者を排除するという危険を内在している。

それを防ぐために、無作為と希望者を組み合わせるというのも一つである（三鷹市では東京外かく環状道路中央ジャンクション三鷹地区検討会で試みている）。ただ、この合体方式も、運用実態を見ると、典型的なＰＺとは別の難しさが出てくる（参加希望者は先行知識を持っており、その意見に抽選参加者が引きずられる等）。

私たちの社会は、一人ひとりが尊重される社会で、弱い人も声の小さい人も、価値が認められる社会である。声の小さい人の思いをくみ取って、少しずつではあるが、歩を前に進めるのが、民主主義で、それを実践するのが地方自治の役割である。ＰＺの制度設計・活用にあたっては、常にこの基本を心にとどめておく必要があるだろう。

本書を上梓するにあたって

本書は、編者である松下啓一と大阪府下の自治体職員による共著である。全三章のうち、第Ⅰ章と第Ⅲ章は、松下が書きおろしたが、第Ⅱ章は、大阪府下の自治体職員が、二〇一一年九月二六日から一週間、ドイツの首都ベルリンおよびその周辺で行った調査・視察結果を踏まえて執筆したものである。

調査・視察テーマは、「ドイツにおける自治体行政への市民参加」で、調査・視察先は、ベルリン市内の区役所のほか、市内の児童館、地区マネジメント事務所、市民協会、研究所、大学、さらにはブランデンブルク州のエーバースヴァルデ市役所と、多岐にわたる精力的なものとなった。

今回、松下は、この調査のための事前学習・共同研究を手伝うことになったが、いつもの常で気楽に引き受けたものの、調べ始めて見ると意外と日本には資料が少なく、戸惑うことも多かった。たとえば、Zukunftswerkstatt を直訳した「未来工房」は、日本でも名前を聞くことはあったが、実態はよく分からず、せいぜい未来のあり方を考える実践組織くらいのイメージだったが、勉強を重ねていくと、どうもワークショップの一種であるようだということになり、さらに現地に行って研究を深めてみると、社会の変革装置という壮大な理念を持っているものであると気づくといったように、現地に行って考えて、はっきりと分かるということも多かった。

これらは自治の推進にあたって貴重な知識・情報であるので、それを視察者だけにとどめておくのはもったいないということになって、本にしようとなったわけである。

第Ⅱ章の執筆者たちは、自分たちの本務があり、それを目一杯やった上で、余暇をひねり出しての原稿書きで、ずいぶんと苦労したようだった。それでも、決まった日限には原稿が出てくるのはさすがで、そこはやはり自治体職員である。

本書を書くにあたって、多くの文献やHPを参考にした。また現地ドイツにおいても、多くの方々にお話を聞かせていただいた。一般市民や自治体職員を対象とする啓蒙書という本書の性格上、本文中では参考文献やヒアリング対象者の表示は、最低限にとどめたが、以下の文献等を大いに参考にさせていただいた。より詳しく研究したいと考える人たちの参考文献等として紹介しつつ、あわせて感謝の意を表したい。

Ⅱ　市民参加先進国ドイツの試みから　1　市民参加の国ドイツ

浜本隆志・柳原初樹著『最新ドイツ事情を知るための五〇章』明石書店、二〇〇九年、三―九、一七〇―一七四、一九六―二〇一、二一三―二一六ページ
名和田是彦編『コミュニティの自治――自治体内分権と協働の国際比較』日本評論社、二〇〇九年
片木淳著「住民意思の反映とドイツの市民参加制度」『自治体国際化フォーラム』二〇一〇年一一月
坪郷實著『ドイツの市民自治体――市民社会を強くする方法』生活社、二〇〇七年
武田公子著『ドイツ自治体の行財政改革』法律文化社、二〇〇三年
村上敦著『フライブルクのまちづくり』学芸出版社、二〇〇七年
室田昌子著『ドイツの地域再生戦略――コミュニティ・マネージメント』学芸出版社、二〇一〇年、一〇―一二、八八―八九ページ
文部科学省 http://www.mext.go.jp
ハイナースドルフ市民協会 http://www.zukunftswerkstatt-heinersdorf.de
石川義憲（二〇〇七年）および片木淳（二〇〇七年）著「ドイツ地方自治体における行政改革と市民参加・協働第1部KGStのNSMからコンツェルン都市、市民自治体まで（石川義憲一三〇ページ）および第二部都市州ブレーメンにおける財政再建と市民参加（片木淳）一七六ページ」㈶自治体国際化協会ホームページ http://www.clair.or.jp/j/forum/other/index.html
松下啓一著「ドイツの市民参加から学ぶこと」『平成二三年度海外研修報告書「ドイツにおける自治体行政への市民参加」』、公益財団法人大阪府市町村振興協会おおさか市町村職員研修研究センター、二〇一二年二月、八五―八六ページ

2　住民投票

「ドイツの地方自治」財団法人自治体国際化協会、二〇〇三年 http://www.clair.or.jp/j/forum/series/pdf/j11.pdf

「ドイツの地方自治（概要版）――二〇一一年改訂版――」財団法人自治体国際化協会、二〇一一年 http://www.clair.or.jp/j/forum/pub/series/pdf/j39.pdf

片木淳著「ドイツの地方議会と直接民主制」http://www.f.waseda.jp/katagi/deutschparlament.pdf

村上英明著『ドイツ州民投票制度の研究』法律文化社、二〇〇一年

「平成一三年度　地方議会と住民投票――二一世紀、地方自治の前進をめざして――」関東弁護士会連合会 http://www.kanto-ba.org/sympo13/horon/05-ho-02.htm

野口宏志著「住民投票制度の概要とその法的拘束力」http://www.f.waseda.jp/katagi/noguchi2.htm

「自治体レベルの住民投票」『ドイツまちづくりＱ＆Ａ』福島大学 http://www2.educ.fukushima-u.ac.jp/~abej/deut/qaf_j1.htm

メアー・デモクラティ http://www.mehr-demokratie.de/

ベルリン州 http://www.berlin.de/

ドイツ総領事館 http://www.japan.diplo.de/Vertretung/japan/ja/Startseite.html

村上弘著「スイスの住民投票――直接民主制と間接民主制との共鳴？――」『立命館法学』一九九六年第六号 http://www.ritsumei.ac.jp/acd/cg/law/lex/96-6/murakami.htm

イエンス・テッスマン著「ドイツにおける市民参加の形態と近年の動き」『㈶自治体国際化協会ロンドン事務所マンスリートピック』二〇一一年六月 http://www.jlgc.org.uk/jp/information/monthly/

mtopic201106.pdf

3　社会都市プログラム

室田昌子著『ドイツの地域再生戦略――コミュニティ・マネジメント』学芸出版社、二〇一〇年
南ティーアガルデン地区 http://www.tiergarten-sued.de
QM http://www.quartiersmanagement-berlin.de
ベルリン都市開発局 http://www.stadtentwicklung.berlin.de/index_en.shtml
Soziale Stadt　http://www.sozialestadt.de/（二〇一一年一〇月一三日アクセス）
『Neighborhood Management in Berlin』ベルリン都市開発局、二〇一〇年一〇月、七ページ
山口真実・室田昌子著「ドイツ社会都市プログラムの運用実態と実施体制に関する研究」『研究報告集Ⅱ　建築計画・都市計画・農村計画・建築経済・建築歴史・意匠』第七六号、社団法人日本建築学会、二〇〇六年、一八五―一八八ページ
酒井達彦著「ドイツ社会都市プログラム（SozialeStadt）について」『PRI Review』第四〇号、国土交通政策研究所、二〇一一年、二二―三一ページ
German Institute of Urban Affairs GmbH（Difu）編「Status Report: The Programme "Social City" (Soziale Stadt), Summary」Federal Ministry of Transport, Building and Urban Affairs (BM-VBS), Berlin, 二〇〇八年

4　未来工房

野村恭彦著『フューチャーセンターをつくろう』プレジデント社、二〇一二年

ミュンスター・ヴェストファーレン「ロベルトユンク」http://www.muenster.org/mehr-demokratie/archiv/1_12.htm

sowi-online「Zukunftswerkstatt」http://www.sowi-online.de/methoden/lexikon/

朝日新聞グローブ（GLOBE）「移民の社会統合への模索～ベルリンのトルコ人街」http://globe.asahi.com/feature/090907/02_2.html

ベルリン都市開発局 http://www.stadtentwicklung.berlin.de/wohnen/quartiersmanagement/en/gropius/index.shtml

シティヴィラグローバル「ノイケルン子ども会議」http://www.stadtvilla-global.de/projekte/kinderkonferenz

Wikipedia「Zukunftswerkstatt」「Berlin-Gropiusstadt」「Neukölln」「future　center」

現地資料「Quartiersmanagement/ Gropiusstadt」

5　市民予算

水岡ゼミ巡検報告 http://econgeog.misc.hit-u.ac.jp/excursion/04Brazil/14portoaregle/14portoaregle.htm

兼村高文・洪萬杓著「住民参加型予算の現状と今後――日韓の事例を中心に――」『自治総研』第四〇五号、公益財団法人地方自治総合研究所、二〇一二年七月、六ページ

ＮＰＯ参加型システム研究所 http://www.systemken.org/geturei/39.html

エーバースヴァルデ市 http://www.eberswalde.de/
「Bürgerhaushalt Lichtenberg 2013」〈リヒテンベルク市民予算二〇一三年パンフレット〉
リヒテンベルク区市民予算ポータルサイト http://www.buergerhaushalt-lichtenberg.de/

6 プラーヌンクスツェレ

篠藤明徳著『まちづくりと新しい市民参加――ドイツのプラーヌンクスツェレの手法――』〈COPA BOOKS自治体議会政策学会叢書〉イマジン出版、二〇〇六年
篠藤明徳・吉田純夫・小針憲一著『自治を拓く市民討議会――広がる参画・事例と方法――』〈COPA BOOKS自治体議会政策学会叢書〉イマジン出版、二〇〇九年
NEXUS研究所 http://www.nexusinstitut.de/
現地資料 Hans-Liudger Dienel『European Citizens' Consultations』〈NEXUS研究所〉二〇〇七年

最後に、公益財団法人大阪府市町村振興協会・おおさか市町村職員研修研究センター（通称・マッセOSAKA）には、ひとかたならぬご支援をいただいた。ここに記して、感謝の意を表したい。

二〇一三年九月

松下啓一

〈執筆分担〉

Ⅰ　市民参加の基礎理論

松下　啓一（奥付参照）

Ⅱ　市民参加先進国ドイツの試みから

1　市民参加の国ドイツ

緒方　博（大阪府河内長野市役所）　坂田　朗夫（大阪府豊能町役場）

津田　啓次（大阪府松原市役所）

2　住民投票

臼杵　直人（大阪府守口市役所）　逢坂　典子（大阪府箕面市役所）

橋本　佳子（大阪府柏原市役所）　小林　和子（大阪府忠岡町役場）

3　社会都市プログラム

上田百合香（元大阪府池田市役所）　向井康太郎（大阪府富田林市役所）

新井　美絵（元大阪府泉佐野市役所）

4　未来工房

緒方　博　瀧本　美子（大阪府熊取町役場）

胡麻　千代（大阪府太子町役場）

5　市民予算

仁後むつみ（大阪府枚方市役所）　北村　知美（大阪府八尾市役所）

寺田　博文（大阪府泉大津市役所）

6　プラーヌンクスツェレ

馬場　克二（大阪府茨木市役所）　浅田　充代（大阪府岸和田市役所）

御坊谷　隆（大阪府阪南市役所）　田中　裕里（大阪府寝屋川市役所）

Ⅲ　日本版プラーヌンクスツェレの展開

松下　啓一

■著者略歴

松下啓一（まつした　けいいち）

相模女子大学教授（前大阪国際大学教授）。パートナーシップ市民フォーラムさがみはら顧問。専門は現代自治体論（まちづくり，NPO・協働論，政策法務）。中央大学法学部卒業。26年間の横浜市職員時代には，総務・環境・都市計画・経済・水道などの各部局で調査・企画を担当。ことに市民と協働で行ったリサイクル条例策定の経験が，公共主体としてのNPOへの関心につながる。

主要著作

『自治基本条例のつくり方』（ぎょうせい），『協働社会をつくる条例』（同），『新しい公共と自治体』（信山社），『市民活動のための自治体入門』（大阪ボランティア協会），『図解地方自治はやわかり』（学陽書房），『市民協働の考え方・つくり方』（萌書房），『つくろう議員提案の政策条例――自治の共同経営者を目指して――』（共著：同），『協働が変える役所の仕事・自治の未来――市民が存分に力を発揮する社会――』（同），ほか

平成23年度マッセOSAKA海外派遣研修グループ

（前ページ参照。なお，「マッセOSAKA」は，公益財団法人大阪府市町村振興協会が開設した「おおさか市町村職員研修研究センター」の愛称です。マッセとは，“MAKE UP SENSIBILITY”（感性を育てる）からの造語で，「勉強しまっせ！」，「頑張りまっせ！」の大阪言葉でもあります）

熟議の市民参加　〈市民力ライブラリー〉
――ドイツの新たな試みから学ぶこと――

2013年11月5日　初版第1刷発行

著　者　松下啓一・平成23年度マッセOSAKA海外派遣研修グループ
発行者　白石徳浩
発行所　有限会社　萌《きざす》書房
〒630-1242　奈良市大柳生町3619-1
TEL（0742）93-2234 / FAX 93-2235
[URL] http://www3.kcn.ne.jp/~kizasu-s
振替　00940-7-53629

印刷·製本　共同印刷工業・藤沢製本

ISBN978-4-86065-081-0